Verlag **TAURISKA**

© 2011 by Verlag TAURISKA, www.tauriska.at
Abdruck auch auszugsweise nur mit Genehmigung des Verlages.
Eigentümer, Herausgeber und Verleger: Verlag TAURISKA Kammerlanderstall,
5741 Neukirchen am Großvenediger
Susanna Vötter-Dankl, Christian Vötter
Mitherausgeber: Kulturelle Sonderprojekte, Prof. Winter, Land Salzburg
Lektorat: Dr. Helga Mitterhumer
Grafische Gestaltung, Satz und Repro: Andreas Schlor – werbegrafik+design
Fotos: Nathalie Gantner (10, 12, 16, 24, 36, 70), Stefanie Schroeder (30, 42, 64, 94),
Maria Theresa Erber (46, 60, 80), Stefanie Maczijewski (84, 100), Florian Gantner (74)
Druck: xPrint s.r.o.
ISBN 978-3-901257-38-4

Das Buchprojekt *Biddi ila matar – Abenteuer Amman* wird
im Rahmen des TAURISKA-Festivals unterstützt von:
Salzburger TourismusFörderungsFonds, Bundesministerium
für Unterricht, Kunst und Kultur, Salzburger Volkskultur

Florian Gantner

Biddi
ila
matar
**Abenteuer
Amman**

Vorwort

Eine Freundin, die wie ich ein sogenanntes Orchideenfach studierte (sie Ethnologie, ich Vergleichende Literaturwissenschaft), erzählte mir, dass sie seit Neuestem eine zweijährige Ausbildung zur Fremdsprachenlehrerin mache. Fremdsprachenlehrer, versicherte meine Freundin, seien immer gefragt. Ich beschloss also auf Nummer sicher zu gehen und eine Deutsch-als-Fremd/Zweitsprache- (kurz: DaF/DaZ) Ausbildung zu absolvieren. Die Kurse waren überlaufen. Viele Studentinnen und Studenten waren wohl aus ähnlichen Gründen wie ich hier: Ich saß neben Internationalen Entwicklern, Politikwissenschaft- oder Linguistik-Studenten und vielen von der Germanistik.

Was mich bei der Ausbildung ungemein antrieb, war die Tatsache, dass ich mich nach dieser zweijährigen Tortur am Institut für ein Auslandspraktikum bewerben konnte. Ich würde ins Ausland gehen, um dort für drei bis fünf Monate – gegen eher geringe, aber doch: Bezahlung – meine didaktischen Fähigkeiten zu erproben.

Eine Liste mit weltweit etwa 40 ausgeschriebenen Plätzen hing aus, jeder Interessent durfte sich für maximal fünf Ziele einschreiben. Da das Praktikum nicht länger als fünf Monate dauern würde, dachte ich, ich sollte mich für Orte bewerben, an die ich sonst nie käme: Ich bewarb mich also für Madagaskar, Senegal, Ghana, Algerien und Jordanien.

Die für die Praktika zuständige Professorin informierte mich, dass meine Chancen besonders für den arabischen Raum gut stünden. Ich sei einer der wenigen Männer, die sich dieses Jahr beworben hätten, und das Institut schicke lieber Männer in den arabischen Raum, da man(n) im Alltag auf eindeutig weniger Hürden stoße. Dass genügend Hürden übrig blieben, davon zeugt dieses Buch.

Um nicht unter falscher Flagge loszusegeln, gab ich noch zu bedenken, dass ich weder in Wort noch Schrift des Arabischen mächtig sei, ja eigentlich, wenn man es genau betrachte, bis jetzt noch nicht einmal einen Fuß in ein arabisches Land gesetzt habe. Die Professorin meinte – und diese Aussage wird mich ins Ausland begleiten und mir immer wieder in Erinnerung kommen, wenn ich etwa den Busfahrer vergeblich nach dem Fahrtziel frage: „Wir wollen gerade, dass sie in ein Land gehen, in welchem sie weder Sprache noch Schrift verstehen. Das ist die beste Ausbildung für Menschen, die mit Menschen aus anderen Kulturkreisen zu tun haben werden. Nur so können Sie sich in den Alltag, den diese Menschen *hier* erleben, hineinversetzen."

Eine Woche später werde ich postalisch benachrichtigt: Das Land, in dem ich weder Schrift noch Sprache verstehen werde, heißt Jordanien. Ich werde für ein Semester an der *University of Jordan* unterrichten.

Mehr als zwei Jahre später: Mittlerweile wohne ich in England, bringe hier Studenten Deutsch bei. Ich durchsuche meinen Computer auf der Suche nach einem Text und stoße auf mein Manuskript *Biddi ila matar* – das sind alle Texte, die ich während meines Aufenthalts in Jordanien geschrieben habe. Ich erinnere mich an die Entstehung: Angefangen habe ich aus Langeweile, bald wurde das Schreiben zur Verarbeitung des Erlebten, dann wieder zum Kampf gegen den Überdruss, schließlich zu einer Art Selbstschutz. Bis zum Schluss war ich in Jordanien ein Fremdkörper geblieben. Ich konnte nur die einfachsten Sätze nachreden, Lesen war so gut wie unmöglich. Ich machte mir nichts vor: Nach diesen fünf Monaten würde ich nicht so schnell wieder zurückkommen. Die Jordanier waren sehr zuvorkommend, doch intensiven Kontakt konnte ich zu niemandem knüpfen. Die Familie ist dem Araber von höchster Priorität und so kam immer wieder die Frage, warum ich denn *allein* ins Ausland gegangen sei. Schließlich begann ich mich das auch selbst zu fragen. Als Konsequenz lief ich mit umso offeneren Augen durch meinen jordanischen Alltag. Ich fing an, mich und meine Handlungen von außen zu betrachten, trat neben mich und dachte mir: „Was machst du denn jetzt schon wieder?" Das ironische Schmunzeln über mich selbst wurde zum Rettungsanker.

Nach Österreich zurückgekehrt packte ich das Ganze in ein konzeptuelles Korsett und schickte *Biddi ila matar* an die Verlage, die ich gerne als *meine* Verlage bezeichnet hätte. Ich bekam einige Absagen, die anderen Verlage haben sich bis jetzt nicht gemeldet.

Und um dieses Vorwort endlich auf den Punkt zu bringen: In diesem Moment in England denke ich an den *Verein Tauriska,* für den ich während meines Studiums gelegentlich gearbeitet habe. *Tauriska* steht für regionale Kultur und genau hier, wird mir klar, gibt es einen Ansatzpunkt: Denn Regionalkultur ist erst zu verstehen, wenn wir einen Vergleich haben. Kultur funktioniert nicht als autonomes oder unabhängiges System. Meine eigene Kultur, Sozialisierung oder auch Mentalität wird viel klarer erkennbar vor einem stark kontrastiven Hintergrund: Was unterscheidet mich/uns, was verbindet die westliche und die orientalische Welt? Wie viele alltägliche Ereignisse gibt es, die wir als gegeben hinnehmen, die aber in einer anderen Kultur als alles andere als *normal* gelten?

Das könnte ein Ziel dieses Buches sein: den einen oder anderen Leser dazu zu bewegen, die eigene Kultur genauer und vielleicht auch kritischer zu betrachten.

Ich sende das Manuskript also an den *Verein Tauriska* und bekomme postwendend die Antwort: „Da sollten wir was machen."

Lebensweisheiten

„Wenn der Sohn groß ist, soll man ihm ein Freund sein."
„Abu Twaini, wenn das Glück kommt, legt die Henne auch auf dem Zeltpflock ein Ei", antwortete Sarah, von seiner Heiterkeit angesteckt.
Er lachte schallend:
„Und ist das Glück dahin, oh Sarah, dann pisst der Esel auf einen Löwen."

Diese Stelle aus dem Roman *Salzstädte* von Abdalrahman Munif las ich noch, bevor ich zum ersten Mal in meinem Leben den Boden eines arabischen Landes betrat. Nach nur wenigen Tagen in Jordanien kann ich bereits sagen: Nicht alle Araber reden so.

Eigentlich ist mir nur ein Mann untergekommen, der sich an einem Bonmot versucht hat, und zwar Lua'y Akkash, Florist und Nebenerwerbskellner, immer zu einem Scherz bereit. Seine Lebensweisheit lautete folgendermaßen: „Das Leben ist wie ein Klumpen Ton. Egal, wie man ihn formt, er hat Bestand. Auf das Brennen darf man halt nicht vergessen."

Was lehrt uns das?

Vielleicht, dass Sprichwörter durch eine mangelhafte Übersetzung ins Englische und eine laienhafte Transkription ins Deutsche einiges an Reiz verlieren können.

Vielleicht, dass Literatur und Leben einfach nicht kompatibel sind.

Vielleicht aber auch, dass Araber Aphorismen nur dann produzieren, wenn sie so gut drauf sind wie eben der Schöpfer des angeführten Sprichwortes.

1. Taxler P

Mein Taxifahrer sieht aus wie der Ex meiner Schwester. Immer wieder muss ich ihn von der Seite mustern. Wie der P, nur etwas dunkler.

Bevor ich ihm das erklären kann, müssen wir uns aber noch über das Ziel unserer Fahrt einigen. Blöderweise habe ich den arabischen Namen des Stadtviertels, in dem mein Hotel liegt, vergessen. Natürlich habe ich auch keinen Stadtplan dabei, der arabische P hat auch keinen im Taxi herumliegen und seine Englischkenntnisse sind bestenfalls als rudimentär zu bezeichnen.

Denn mit *old center*, *old city*, *downtown*, *inner city*, *inner center* etc. kann er beileibe nichts anfangen. Den letzten verwirrten Taxifahrer hatte ich nach 200 Metern gebeten mich wieder abzusetzen. Aber mit dem P wollte ich es noch einmal versuchen. Gemeinsam, dachte ich mir, würden wir schon heimfinden. Nachdem dich meine Schwester abserviert hat, erhältst du jetzt meinen verspäteten Beistand, sagte ich innerlich zu ihm.

Ich wusste zwar die Straßenbezeichnung, doch als King Faisal Road wird die Straße nur den Touristen vorgestellt. Kein Einheimischer kennt die King Faisal Road als King Faisal Road. Zumindest die arabischen Bezeichnungen für König und Straße würden jetzt vermutlich weiterhelfen. Aber wie wohl bereits durchgeklungen ist, spreche ich kein Arabisch, auch eine Bestandsaufnahme nach zwei Tagen Jordanien ergibt nur: *schukran* für Danke, *salam* für Servus, *as-salamu alaikum* für Guten Tag, *bakschisch* für Trinkgeld, außerdem *qahwa* und *kabab*. Also zähle ich in möglichst arabisch klingendem Englisch auf, was ich in der Nähe meines Hotels so gesehen habe: „The market, Suk? King Hussein Mosque. Moschee? Moshee? Big, modern mosk!

Old center?!" Auf irgendein Wort springt mein Fahrer schließlich an und antwortet mit einem Schwall arabischer Wörter, die ich einfach mal bejahe. Manchmal muss man sich wohl einfach auf sein Gefühl verlassen, denke ich. Und die Himmelsrichtung stimmt, dem Gefühl nach, auch.

Also schlängeln wir unser Auto durch den chaotischen jordanischen Verkehr. Fast freudig erregt scheinen mir da die Hupsignale der Umwelt. Jetzt kann ich dem Fahrer auch von seinem österreichischen Pendant P erzählen. Ich glaube, irgendwann hat er mich auch verstanden.

Mit der Zeit erscheinen mir die Ähnlichkeiten immer gravierender, bis ich mir fast sicher bin, dass ich neben dem P sitze. Mir wird aber auch klar, dass mir das keiner glauben würde. Am wenigsten meine Schwester: Was sollte ihr Ex mit dunkelgefärbten Haaren in Amman machen? *Na, taxeln eben*, wäre als Antwort wohl nicht ausreichend.

Deshalb hole ich meine Kamera aus der Jackentasche. Nach vier öden Aufnahmen von Amman, die ich aus Langeweile tags zuvor geschossen habe, wird es Zeit für Authentizität. Nach einer kurzen Frage, ob ich ihn fotografieren dürfe, wegen *the ex of my sister in Austria, Vienna, you know*, willigt der jordanische P auch gleich ein.

Interessant scheint mir, wie er während des unglaublich verstrickten Verkehrs, dem schwungvollen Fahren Stoßstange an Stoßstange, den Bruchteil einer Sekunde finden kann, um in die Kamera zu lugen.

Noch interessanter ist dann aber, als er sein Handy herausholt und mir die darauf gespeicherten Fotos seiner neugeborenen Tochter zeigen kann, während er einen qualmenden Gemeinschaftsbus überholt. Dann zeigt er mir noch ein Foto von seinem Vater in Nationaltracht und überholt rechts ein anderes Taxi. Den Abschluss bildet ein Foto von König Hussein. Was vielleicht als eine Spur subversiv gelten kann. Denn der derzeitige König heißt Abdullah und ist der Sohn von König Hussein. Aber unter König Hussein war Jordanien nun einmal weniger krisengebeutelt. Die Grundnahrungsmittel wurden nicht über Nacht teurer, wie es jetzt unter Abdullah geschieht.

Auf meine scheinbar arglose Frage, ob denn König Hussein noch König wäre, antwortet der P aber: *Na*.

Oder so ähnlich.

Man kann eben nur schwer leugnen bzw. übersehen, wer hier gerade König ist: Abdullah hängt überm Essensstandl und scheint *Hat's geschmeckt?* zu fragen (sprich: *hal kann it-ta' am tajjib*), Abdullah hängt am Kiosk und herzt ein kleines Kind und möchte damit nur sagen *Ich hab euch alle so gern* (in etwa: *fi sihhatak*) oder Abdullah hängt an der Häuserfassade in Armeeuniform mit hochgekrempelten Ärmeln und meint damit nur *Habt's keine Angst, ich bin sowieso der Stärkste rundherum*. (Der letzte Satz steht in keiner auch nur annähernd ähnlichen Form unter den häufig gebrauchten Arabisch-Floskeln in meinem *Baedeker*.)

Als Trostzuckerl gebe ich meinem Taxifahrer neben dem Fahrgeld und etwas *bakschisch* schließlich eine Mozartkugel. *From Vienna, Austria, you know?* Wie so viele hier weiß er es nicht. Aber schmecken wird sie schon.

Es ist Zeit für den Abschied. Alles Gute, P aus Amman, für dich und deine kleine Tochter! Und, bitte, schau ab und zu auf die Straße, während du diesen Mozart mit dieser verrückten Perücke betrachtest!

2. Mein erster Tag

Ich werde vor dem Universitätscampus abgesetzt. Verfehlen kann man den nur schwer: Hier befinden sich alle Fakultäten. Egal was man studiert, hier ist man richtig.

Das Gelände ist dementsprechend riesig. Sich zurechtzufinden ist aber erst die zweite Hürde. Zuerst heißt es reinkommen, denn der Campus ist umzäunt.

Ich befinde mich am Haupteingang, der bewacht ist. Die Passanten müssen eine spezielle Ausweiskarte herzeigen, die ich noch nicht besitze.

Aber schließlich arbeite ich ab jetzt hier und habe ein Anrecht darauf, an meinen Arbeitsplatz zu gelangen. Ich pflanze mich also vor dem Wachposten auf und teile ihm erhobenen Hauptes mit: „I'm German teacher! I'm new! No card yet!" – Interessant, wie schnell man im Ausland in einen Anglo-Tarzanismus verfällt!

Der Mann mustert mich desinteressiert und winkt mich durch. „I'm teacher!" hätte wohl schon gereicht. Oder ein einfaches „Salam!"

Wenigstens weiß aber schon jemand, dass ich hier arbeite und nicht einfach in der Februarsonne abhänge. Ich marschiere eiligen Schrittes die Einfahrtsstraße entlang, rechts liegt die Hauptbücherei, links – keine Ahnung, ein anderes großes Gebäude jedenfalls. Dafür habe ich im Moment aber keine Augen, denn mir wird schlagartig bewusst, dass ich nicht wirklich weiß, wohin ich eigentlich gehen muss.

Vor Monaten habe ich mir zu Hause im Internet den Campus aus der Vogelperspektive angesehen, nur tragen Fakultäten in der Regel keine Beschriftungen am Dach. *Eines dieser Vierecke wird's schon sein*, habe ich mir damals noch gedacht.

Ich muss an das Motto Cromwells denken: „Ein Mann

kommt nie weiter, als wenn er nicht weiß, wohin er geht!"
Schön und gut. Aber in einem abgesperrten Gelände erinnert zielloses Umherschweifen nur allzu leicht an ein Wildtier im Gehege.

Auf den asphaltierten Wegen sind viele Studenten in kleinen Gruppen unterwegs, und zwar nach Geschlecht getrennt: einerseits Kaffee trinkende, rauchende Studenten und andererseits Studentinnen, von denen die meisten weder rauchen noch Kaffee trinken, dafür aber Kopftuch tragen. Ich frage mich durch. Da ich noch nicht recht weiß, wie die weibliche Fraktion auf das Ansprechen reagieren würde, achte ich darauf, in die männlichen Gruppen hineinzusprechen.

Fünf Kaffeebecher und drei Zigarettenlängen später habe ich es entdeckt: Die Germanistik hat sich geschickt in der *Faculty of Art* versteckt.

Jawohl, sage ich leise, in blendend akzentuiertem Hochdeutsch vor mich hin, *diese Sprache ist schon eine Kunst. Aber habt keine Angst. Ich bin ja jetzt da.*

Jede Stufe einzeln steige ich bis zum zweiten Stock hoch. Und wer erwartet mich da?

Der König! König Abdullah!

Eine lebensgroße Fotografie des Herrschers hängt am Eingang des Instituts. Ist denn das die Möglichkeit, denke ich: König Abdullah liebt sogar Germanisten!

Ich stehe vor seinem Ebenbild und schaue ihn mir genauer an. *Oder liebt er gar die Deutschen?!* Abdullah, strahlend, trägt den Graduiertentalar. Da dies die älteste Universität Jordaniens ist, hat er wahrscheinlich auch hier studiert. Ich stelle mir vor, wie ein Professor seinen zukünftigen König bei der Deutschprüfung durchfallen lässt – und in welchem Loch dieser Professor jetzt wohl dafür büßen muss.

Ich vertreibe diese Gedanken schnell wieder. Ist jetzt ja auch irgendwie mein König und außerdem ein Nachfahre des Propheten. *Salam*, zwinkere ich dem alten Abdullah zu und erkunde den Flur.

Die meisten Türen sind geschlossen. Überhaupt ist es sehr ruhig. Auch die Tür von Professor Mahdi, meinem Ansprechpartner, öffnet sich nicht auf mein Klopfen, aber seine äußerst spärliche Anwesenheit am Institut war mir ohnehin schon prophezeit worden.

Die Aufschriften an den Türen informieren mich, dass hier nicht nur die Büros der Germanistik-Professoren und -innen sind, sondern eigentlich alle Büros der Abteilung für Moderne Sprachen. Ich gehe also an der geschlossenen Tür der Spanischprofessorin vorbei, sowie an der geschlossenen Tür des Griechischprofessors. An den meisten Türen sind aber nur arabische Schriftzeichen, die ich nicht entziffern kann.

Allzu viele moderne Sprachen können nicht unterrichtet werden, da es doch recht wenig Türen gibt: Da bin ich nämlich schon am Ende und stehe vor der Tür von Renata van der Wal. Angeblich die Chefin der Germanisten.

Ich klopfe auch hier, versuche mein Glück am Türknauf und tatsächlich: Schon stehe ich im Raum, vor einem Schreibtisch, hinter dem eine blonde Frau mittleren Alters am Computer sitzt und mich fragend anschaut.

„Guten Tag", sage ich und schnappe mir ihre Hand: „Ich bin der neue Praktikant! Ich freue mich, sie kennenzulernen."

Ich schüttle weiter ihre Hand. Sie schüttelt ihren Kopf. Die hatte mich anscheinend nicht so früh erwartet. Als motivierter Praktikant bin ich natürlich noch vor Semesterbeginn angereist. Um mich zu akklimatisieren, mich mit Lehrerkollegen auszutauschen, meinen letzten Alkoholrausch in aller Ruhe loszuwerden et cetera, et cetera.

Als Renata ihre Stimme wiedergefunden hat, redet sie für meine Ohren wirres Zeug, dem ich keinen sinnvollen Zusammenhang entnehmen kann.

Ich habe ja schon einige Geschichten über das niedrige Niveau von germanistischen Instituten im Ausland gehört, aber dass es wirklich so schlimm ist … Wenn nicht einmal eine leitende Professorin die Sprache wirklich beherrscht, wird mich hier einiges an Arbeit erwarten.

Während ich mir geistig die Ärmel hochkrempele, redet die Frau unbeirrt weiter. Dabei klingt das Ganze für meine ungeschulten Ohren nicht einmal richtig Arabisch, eher wie ein Beduinen-Kauderwelsch. Einzig den Namen *Renata* kann ich deutlich ausmachen.

Als ich ihre Hand loslasse, deutet sie mit dieser an mir vorbei und meint: „Renata."

Ich drehe mich um und sehe einen zweiten, leeren Schreibtisch. Als ich mich wieder der mittlerweile schon vermeintlichen Renata zuwende, entdecke ich hinter ihr an der Wand eine russische Flagge. Etwa 2 x 1 Meter groß. Schwer zu übersehen. Daneben hängt ein Foto vom Kreml. Renata mit Pelzhaube davor. Mit schönem blauen Himmel darüber.

Da kombiniere ich, ohne ein Wort Russisch zu können, aus dem Kontext ihre nächste Aussage: „Noch einmal: Renata ist nicht da! Das ist ihr Schreibtisch!"

Und erfahre dabei auch, warum es so wenige Türen gibt: Weil die Professoren nämlich ihre Büros teilen.

Jetzt weiß ich schon, wo mein Arbeitsplatz liegt und wie meine Chefin nicht ausschaut. Genug Erkenntnisse für heute, denke ich mir und beschließe meinen ersten Tag an der University of Jordan.

3. Triumphbier

Es gibt ja doch Alkohol hier!

Eine meiner ersten großen Entdeckungen: Ein Schnapsladen neben meinem Hotel, der durchaus auch von arabischen Menschen frequentiert wird. Und da gibt es nicht nur Bier oder Wein, sondern die richtig harten Sachen. Wenn schon, denn schon, wird sich der nicht ganz so strenggläubige Moslem denken. Wenn man schon säuft und möglicherweise unschöne Dinge von sich gibt, dann soll man das am nächsten Tag am besten nicht mehr wissen.

Ich habe gerade einen erfolgreichen Tag hinter mir – Uni gefunden! – und will nicht allzu abrupt mit dem Alkoholtrinken aufhören, nach dem exzessiven Genuss in Vorausschau auf eine lange Trockenperiode. Deshalb beschließe ich, mir ein Triumphbier zu gönnen.

Ich betrete den Laden, der ungefähr den Ausmaßen jedes Ladens im Stadtzentrum entspricht und den Besuch von maximal drei Kunden zur gleichen Zeit zulässt. Ich wende mich dem Kühlschrank zu und nehme kein Heineken. Und kein Becks. Sondern ein *Philadelphia*. Das klingt zwar nicht gerade nach Lokalkolorit, aber es ist schon mal was Neues. Der Aufdruck auf der Bierdose klärt mich dann aber auf, dass mein Bier sogar in Amman gebraut wurde.

Mit meiner Dose im schwarzen Plastiksackerl gehe ich zurück in mein Hotel, meinen Palast, behaust von alternden Abenteurern, Männern in ihren späten 50ern, mindestens eine Seitentasche an jeder Hosenröhre und noch viel mehr Taschen an ihren Westen. In jede passt ein Mitbringsel: ein Sackerl Gewürze für die Schwiegertochter, ein arabischer Dolch für den Sohn oder schon eher für den Enkel, außerdem die nötigsten Wasserrationen, falls es eine Panne in der Wüste gibt ... Die Hauptklientel bilden aber die Rucksacktouristen. Und hier sind die meisten aus den Vereinigten Staaten, die sich vielleicht als Beweis ihres Mutes vor die Höhle des Löwen trauen. Vielleicht sind sie aber auch nur Irak-Soldaten, die ein bisschen Urlaub brauchen. Oder desertiert sind – verdächtig viele lassen sich hier einen Vollbart wachsen und sind wortkarg ...

Jedenfalls wimmelt es hier, im alten Zentrum von Amman, dem Bangkok des Mittleren Ostens, nur so vor Backpackern. Von hier aus strömen sie los, nach Ägypten oder Syrien. Mutigere fahren sogar in den Libanon. In den Irak nur die wenigsten – nehme ich jetzt einmal an. Auch die Herren in Tarnfarben und mit den vielen Taschen am Körper schauen nicht *so* verwegen aus.

Aber das ist mir eigentlich alles egal. Ich habe mein Bier und gehe zügig an zwei jungen Männern vorbei, die in amerikanischem Tonfall versichern, dass sie Kanadier seien. Also ich glaub's ihnen nicht, gehe aber trotzdem in mein Zimmer. Mein Triumphbier will ich ganz für mich genießen.

Trotz Vorfreude öffne ich die Dose vorsichtig, pffft – das klingt vertraut! Und dann, der erste Schluck – schmeckt vertraut!

Das *Philadelphia Beer* schmeckt wirklich.

Ich überprüfe die Zutaten und finde Wasser, Hopfen und Malz – Gott erhalt's! Was mich dann aber etwas stutzig macht, ist das CO_2, das da noch angeführt ist.

Im Augenblick bin ich mir nicht so sicher, was jetzt das gute und was das böse ist: Ist Kohlenmonoxid das gute und Kohlendioxid das böse oder doch umgekehrt? Im Bruchteil einer Sekunde scheint mir alles klar vor Augen: Genau so tilgt man Pseudomoslems und Bier saufende Christen auf einen Schlag von dieser Erdoberfläche.

„Satanspisse" nennen die Muslime in Munifs *Salzstädte* den Alkohol. Und alle, die diese *Satanspisse* schlürfen, werden so mit einem Handstreich ausgemerzt. Ich sehe mich schon, wie mich die Putzfrau, die mein Zimmer bis jetzt vergessen hat, in einem Monat findet. Eines der ersten Opfer des Total-Djihad. Und ein Mythos entsteht: Der viel zu jung verstorbene Schriftsteller. Und meine paar jämmerlichen Erzählungen kommen zuerst in einem Sammelband heraus, dann finden sie die Schriften des ganz jungen F.G. Und dann gibt es auch bald Sammlereditionen, Typoskript-Bände, T-Shirts mit meinem Konterfei drängen endlich den veralteten Che-Guevara-Merchandisekrempel vom Markt ...

Eigentlich dauerten die Überlegungen schon ein bisschen länger als nur den Bruchteil einer Sekunde. Mittlerweile ist sogar mein Bier leer geworden. Nein: CO_2 ist doch das gute.

4. Einen Unterschlupf finden

Ich betrete Professor Mahdis Büro. Mahdi war mir von der Heimuniversität als Ansprechpartner zugewiesen worden. Als E-Mailpartner hat er bisher eher versagt: Ich habe ihm gleich bei meiner Ankunft eine Nachricht gesendet und bin nun schon den vierten Tag in Amman. Bisher keine Antwort.

Das persönliche Ansprechen funktioniert aber eindeutig besser. Mahdi ignoriert mich nunmehr keineswegs, vielmehr schreit er dem Hausmeister etwas zu, der mir daraufhin auch gleich einen Kaffee serviert.

„Du bist schon angekommen?", fragt Mahdi.

Ich verkneife mir ein „Seit vier Tagen und drei E-Mails" und bejahe ganz einfach.

Wir sitzen uns gegenüber, Mahdi zieht genüsslich an seiner Zigarette, wir nippen beide an unseren Tassen.

Schließlich bricht Mahdi das Schweigen: „Hast du irgendwelche Fragen?"

Eigentlich habe ich keine Ahnung, was ich die kommenden fünf Monate zu tun habe. Ich weiß nur, ich soll hier Deutsch unterrichten. Einige Fragewörter mit W schießen mir durch den Kopf: Wen? Wo? Wie viele? Wann?

Mahdi, der mein Zögern beobachtet, meint: „Du hast ganz freie Hand beim Unterrichten. Da kannst du machen, was du willst.", – und hilft mir damit nicht gerade weiter.

Fürs Erste ist aber das Finden einer dauerhaften Unterkunft von Belang: Den vierten Tag bin ich nun im *Palace Hotel*, und obwohl es eine relativ günstige Wohnmöglichkeit ist, will ich nicht täglich eine halbstündige Taxifahrt in Kauf nehmen. In der Nähe des Universitätscampus, so ergaben meine Erkundigungen, gäbe es viele kostengünstige Appartements zu mieten.

Nachdem mich schon niemand vom Flughafen abgeholt hat, was ursprünglich vereinbart worden war, bin ich schon darauf gefasst, nicht allzu viel Unterstützung bei der Wohnungssuche zu erhalten. Aber Mahdis Antwort auf meine Frage, wo ich denn ein Appartement finden könne, lässt mich doch ein wenig ratlos zurück:

„Das funktioniert hier so: Du gehst in irgendein Haus und fragst, wo der Ägypter ist."

Ich frage mich, was Mahdi nun genau mit *Ägypter* meinen könnte, ob er das Wort etwa mit „Aufzug" verwechselt habe, bis er mir letztlich erklärt, in Amman seien die Hausbesorger stets aus Ägypten. Die Jordanier hielten diese Beschäftigung für zu niedrig, weshalb die Einwanderer in dieser Berufssparte arbeiteten.

Mahdi zeigt mir die Himmelsrichtung, in der ich es versuchen solle.

Also gehe ich los, in die angezeigte Richtung. Ich verlasse den Universitätscampus auf der Suche nach einem Appartement.

Überquert man die mehrspurige Straße, die entlang der Vorderseite des Campus gelegen ist und sich gleich einen doppelt edlen Namen zugelegt hat – erstens ist sie nach der derzeitigen Königin benannt, zweitens nennt sie sich *Boulevard* –, muss man bergan gehen. Ich laufe nicht gleich in die ersten Häuser, weil ich die nächsten Monate nicht zu nahe an diesem zwar königlichen, aber doch vielbefahrenen Boulevard verbringen möchte.

Die Gebäude in Amman sind einheitlich quaderförmig gebaut, nach einem königlichen Beschluss tragen sie sogar dieselbe Farbe: ein schmutziges Weiß. Nachdem ich ein paar hundert Meter den Berg hinaufgeschnauft bin, treffe ich auf einen Mann, der vor einem Hauseingang sitzt und mich freundlich anlächelt. Ich packe die Gelegenheit beim

Schopf und frage ihn nicht, ob er Ägypter sei. Vielmehr falle ich gleich mit der Tür ins Haus und erkundige mich, ob im Haus ein Appartement zu beziehen sei.

Der Mann schaut darauf noch freundlicher und meint in gebrochenem Englisch, dass er wirklich aus Ägypten sei.

Das sei schön, meine ich darauf.

Der Mann stellt sich als Aburad vor und deutet, ich solle ihm folgen.

Wir nehmen den Aufzug und fahren in den ersten Stock. Die Jordanier sind Freunde des Aufzugs. Weil ich in den folgenden Monaten allzu gern zu Fuß in den ersten Stock stieg, erntete ich Blicke, die besagten, dass ich wohl vollkommen verrückt sei. Stufensteigen gilt hier lediglich als sinnlose Anstrengung und Kraftvergeudung und nicht als engagiertes Angehen gegen Übergewicht oder Krampfadern.

Die Aufzugstür öffnet sich: ein dunkler, jedoch reich verzierter Gang. Wir gehen bis ans Ende, bis zur Tür an der linken Seite. Am Türstock finden sich mysteriöse Zeichen aufgemalt: ٢٠٥ – Was für den Kenner der in Jordanien gebräuchlichen arabisch-indischen Ziffern ganz unmysteriös „205" bedeutet.

Wir betreten die Wohnung: Ein etwa zwölf Quadratmeter großes Zimmer mit zwei einfachen Betten, einem Schrank, zwei Tischen und einem Kühlschrank, auf welchem ein kleiner Fernseher steht. Hinter einem Tisch ein Fenster, das nicht auf die Straße zeigt, sondern fast ein wenig Aussicht bietet: Die Spitze eines Minaretts ist da zu sehen, ein Mosaik an Häuserblocks, vor allem aber die Terrasse des Nachbarhauses.

Der Teppichboden sieht ziemlich mitgenommen aus, lässt einen aber auf alle Fälle weniger um seine Gesundheit fürchten als derjenige im *Palace Hotel*.

Bewegt man sich zurück zur Eingangstür, so finden sich zur Linken zwei weitere kleine Räumlichkeiten. Zuerst eine Art Kochnische, ausgestattet mit einem Gaskocher und einem Waschbecken. Und angrenzend das Badezimmer mit der Toilette und einem weiteren Waschbecken. Hinter der Tür eine Dusche und ein Spiegel. Das Ganze ohne viel Drumherum, aber wenigstens sauber. *Spartanisch* könnte man das Ganze nennen.

Schon sitzen wir in Aburads Büro. Außer Aburad und mir befinden sich noch andere Männer in dem kleinen Raum. Sie betrachten mich wohlgesinnt, aber auch neugierig. Aburad erklärt, dass auch diese Männer hier wohnen würden. Mein Gegenüber bietet mir seinen Tee an. Wir trinken und nicken uns zu.

Aburad zeigt mir eine Visitenkarte. Auf dieser ist das Hotel abgebildet, daneben mir unbekannte Schriftzeichen. Ich weise ihn mit fragendem Blick und einem Achselzucken auf mein Nichtverstehen hin, worauf Aburad mir erklärt, der Name des Gebäudes sei *Hotel Najah*, was soviel wie *Hotel Erfolg* bedeute. Ich muss über die primitive Taktik Aburads lachen und goutiere seine Erklärung mit einem ironischen „Ahhh!", netter Versuch.

Nichtsdestotrotz kann ich nicht verhindern, dass der Name seine Spuren hinterlässt. *Was für ein Wink mit dem Zaunpfahl, ein Omen!*, denke ich und beschließe klammheimlich, hier einzuziehen. Koste es, was es wolle.

Wir tippen abwechselnd einen Betrag in den Taschenrechner und einigen uns schließlich auf einen für beide Parteien akzeptablen Preis. Damit ich meine preislichen Vorstellungen an den Mann bringen kann, schlage ich vor, gleich die Miete für die gesamten fünf Monate zu zahlen: Ein Angebot, das Aburad zu gefallen scheint. Und auch ich bin zufrieden, vor allem als mein universitärer

Ansprechpartner Mahdi mir später bescheinigt, der ausgehandelte Preis sei völlig in Ordnung.

Ich stoße mit den Umsitzenden auf gute Nachbarschaft an und begebe mich zufrieden auf den Weg ins Hotel. *Wenn mein Hotel sich schon als* Palast *tituliert*, denke ich, den Berg, auf welchem mein neues Zuhause thront, hinuntersteigend, *dann wäre meine Wohnung nichts anderes als ein* Schloss.

Schon kurze Zeit später überzieht eine Wolke des Unbehagens meine rosige Stimmung: Im Zimmer stehen *zwei* Betten und *zwei* Schreibtische. Habe ich vielleicht nicht klar formuliert, dass ich das Appartement für mich alleine mieten wolle? Was, wenn Aburad nur *ein* Bett und *einen* Schreibtisch an mich vermietet?

Die ersten Wochen in meiner neuen Wohnung rechne ich bei jedem Klopfen an der Tür unweigerlich mit einem jungen Mann, der sich als mein neuer Mitbewohner vorstellt – nicht, dass eine Wohngemeinschaft ein Problem für mich wäre, doch der Gedanke, über mehrere Monate 12 knappe Quadratmeter mit jemandem teilen zu müssen, löst Unbehagen in mir aus.

Abgesehen davon, dass die entrichtete Miete für eine halbe Wohnung dann doch unverhältnismäßig hoch wäre.

5. Versuch über die Gebärdensprache
angestrengt von zwei Laien, am 7. Februar 2008

Wieder muss ich zur Uni fahren. Mein Appartement beziehen.

Mit dem Verkehr bin ich inzwischen schon besser vertraut. Ich hüpfe also, ungeachtet meines schweren Rucksackes, in einer Hand meine Tasche, in der anderen meinen Heizstrahler, meine erste Investition im wirklich noch gar nicht heißen Amman, wie eine Gazelle vor ein Taxi. Die Taxifahrer sind solche plötzlichen Überfälle gewohnt, das uringelbe Auto bleibt also abrupt stehen. Da man bekanntlich ja aus Erfahrung – und dazu gehören auch Verständigungsprobleme bei Taxifahrten – lernt, habe ich dieses Mal bereits vor Antritt der Fahrt die reizende Rezeptionsdame im *Palace Hotel* nach dem arabischen Namen der *University of Jordan* gefragt. Nachdem sie mir die unglaublich komplizierte Folge von Vokalen und kehligen Konsonanten dreimal vorgesagt hat und meine Interpretation immer noch hinkt, lasse ich mir den Namen auf ein Papier notieren.

Nun sitze ich auch schon im Taxi. Neben mir der untersetzte Fahrer mit schlechter Haut. Nach zweihundert Metern haben wir uns darauf geeinigt, dass er *gar* kein Englisch spricht. Daher zeige ich ihm den Zettel der Rezeptionsdame und schon ist vollkommen klar, wohin die Reise gehen soll.

Trotz seiner mangelnden Englischkenntnisse erweist sich Ahmed, wie er sich später vorstellen wird, als sehr redselig. Ohne Unterbrechung redet er einfach in sciner Muttersprache auf mich ein. Dass ich meinerseits *wirklich* kein Arabisch spreche, scheint er nicht so recht glauben zu wollen.

Ahmed redet also unbeirrt vor sich hin. Seine Kommunikationsinhalte verdeutlicht er durch den Einsatz aller ihm zur Verfügung stehenden Körperteile, so er sie nicht gerade zum Lenken seines Taxis braucht. Und ich beobachte und versuche mich an einer Interpretation. Die einfachste Frage ist: *Rauchst du?* Da wir uns schon als Ahmed und Florian vorgestellt haben, ist anzunehmen, dass er die Du-Form verwendet. Mein Gesprächspartner erhebt dabei Zeige- und Mittelfinger wie zum Victoryzeichen und führt sie zu seinen gerundeten Lippen. Um seine Frage noch dringender erscheinen zu lassen, hält er mir eine Packung Zigaretten vors Gesicht.

Dann wird es schon schwieriger: Ahmed nimmt die Hände vom Lenkrad – eine, wie ich bereits weiß, durchaus nicht ungewöhnliche Geste bei jordanischen Taxifahrern. Die Handflächen einander zugekehrt, krümmt er seine klobigen Finger und dreht die Hände im Handgelenk. Damit scheint er eine, wenn nicht sogar zwei Kugeln zu formen. Dass es sich dabei um die schlüpfrige Anspielung auf eine Frau handelt, kann ich gleich ausschließen. Über Frauen wird hier nicht so geredet, so viel habe ich schon mitbekommen.

Schließlich lüpft er noch seinen Fuß, der gerade nicht mit Fahren beschäftigt ist, wiederholt in die Luft. Ich bemerke, wie der männliche Teil meiner Chromosomen plötzlich in mein Gehirn schießt, sich meines Sprachzentrums bemächtigt und sintflutartig bricht es aus mir hervor: FOOTBALLLLL!!!

So sitzen wir also im Ammaner Verkehrsstau und freuen uns über ein Wort wie über einen Fußball-Sieg über Deutschland. Aus Ahmed sprudeln jetzt Informationen hervor, die ich nur schwer einordnen kann. Seine Hände scheinen nicht mehr ganz unter Kontrolle, wie es mit seiner Zunge aussieht, kann ich nicht feststellen. Ich versuche es noch einmal: *No Arab! Don't understand! Inshalla!* – „Inshalla!", der erste Ausdruck, den mir mein Professor beigebracht hat, heißt so viel wie „So Gott will!" und passt anscheinend so gut wie immer als Gesprächsende.

Unbeeindruckt von meinen Interventionen versichert mir Ahmed schließlich mit dem Daumen nach unten, Jordanien wäre schlecht im Fußball. Wiederholt zeigt er mir darauf die Hand mit allen Fingern ausgestreckt und auseinandergespreizt, was wohl so viel wie 5 bedeuten sollte. Daraus folgere ich, Jordanien habe 0:5 verloren. Gegen wen, kann ich so schnell aber nicht entschlüsseln.

Tröstend versuche ich Ahmed zu erklären, dass Österreich sicher noch viel schlechter im Fußball ist, und erzähle ihm pantomimisch vom 0:9 gegen Spanien anno dazumal.

Der zähfließende Verkehr stockt wieder einmal. Stoßstange an Stoßstange schieben sich die Autos voran. Ein Hupkonzert setzt ein. Rhythmisch wird drauflosgelärmt. Einzelne Fahrzeuge können nicht mehr warten und scheren in den gegnerischen Strafraum aus. Das Hupen wird noch lauter. Ahmed nutzt die Gunst der Stunde und setzt ebenso zu einem Sturm an. Aber die Gegenfahrbahn kontert geschickt und beinahe kollidieren wir mit einem entgegenkommenden Taxi.

Das scheint auch Ahmeds Gemüt ein bisschen abgekühlt zu haben und wir trippeln wieder brav in die Schlange: Vollkommener Stillstand. Auch die schlachtenbummelnden Fahrer beruhigen sich wieder.

Aber zumindest ich bin in Schwung gekommen. Und so spiele ich schon kurz mit dem Gedanken, Ahmed umfassend über Cordoba zu informieren. Dass es immer auch rosige Fußballzeiten gäbe. Früher oder später, Ahmed, ist es wieder soweit. Irgendwann wird auch wieder gewonnen, Ahmed.

Solche Konversation ginge aber wohl doch zu weit, schließlich scheint Ahmed meiner Erklärung zur Frage, wo denn Österreich überhaupt sei, in keinster Weise folgen zu können: Sonnenblende *Germany, Almani*, Handschuhfach *Italy, AC Milano*, Seitenspiegel *Hungary, Budapest*, Windschutzscheibe *Austria, Mozart, da-da-da-da-da-da-damm*, was die *Kleine Nachtmusik* hätte sein sollen.

Letztlich taucht aber von Ahmeds Seite wieder die mysteriöse 5 auf – unsere Unterhaltung, eine Sackgasse.

Da zählt Ahmed auf, was ich als die panarabische Bestenliste im Fußball verstehe: 1, der Daumen, Saudi-Arabien; 2, der Zeigefinger, Syrien; 3, dazu kommt der Mittelfinger für den Iran; 4, Ringfinger und das Zeichen für ein Maschinengewehr, Irak, ja, der Krieg hat auch dem Fußball geschadet, davon hört man nichts in den Nachrichten, scheinen die traurigen Augen Ahmeds zu sagen. Vielleicht werden die Irakis aber bald die American-Football-Liga im Nahen Osten beherrschen, versuche ich ihm mit einem verständnisvollen Blick zu vermitteln.

Und dann 5, Ahmeds magische Fünf – das ist dann wohl Jordanien, der kleine Finger, der trägt vermutlich die Schlusslaterne ...

Da sind wir auch schon: Vor uns taucht das Eingangstor zum Universitätscampus auf. Ich deute auf eine Stelle, wo Ahmed mich absetzen soll.

Dann gestikulieren wir noch wild um den Preis. Unter Sportsmännern könne er mir doch einen fairen Preis machen, versuche ich durch einen freundschaftlichen Wink anzudeuten. Ahmed wirkt ein wenig enttäuscht, weil ich mich nicht so prellen lasse wie bei meinen ersten Taxifahrten in Amman. Aber mittlerweile bin ich eben mit den Preisen vertraut und gebe angemessenes Trinkgeld.

Um ihn ein wenig aufzuheitern, krame ich eine

Mozartkugel aus meinem Rucksack. Spezialität aus Österreich. Schokolade. Gut mit qahwa, Kaffee.

Den letzten Ratschlag missachtet Ahmed, reißt die Aluhülle runter und schiebt sich die Schokokugel ohne Kaffee in den Mund. Ein Trinkgeld in Form des doppelten Fahrpreises wäre ihm lieber gewesen, scheint seine resignierte Handbewegung auszusagen. Vielleicht möchte er damit aber auch bemängeln, dass das ja gar nicht die Original-Mozartkugeln seien.

Na, die Mirabell-Kugeln sind aber auch schweineteuer, Ahmed, will ich ihm noch deuten. Bis ich aber eine dem „schweineteuer" entsprechende Handbewegung gefunden habe, ist das Taxi mit Ahmed schon hinter allen Ammaner Hügeln verschwunden.

Inshalla, Ahmed, rufe ich hinterher, *inshalla!*

Noch am selben Abend lese ich die Schlagzeile auf der Titelseite der *Jordan Times*: 0:1, steht da, hat Jordanien verloren, gegen Nordkorea. Und da wird mir klar: Die Bedeutung von Ahmeds magischer Fünf wird mir wohl für immer verborgen bleiben.

6. Lebnani Snack

Es ist Freitag. Freitag ist Feiertag. Nicht nur in Amman, sondern in der gesamten arabischen Welt.

Also schlafe auch ich länger. Geweckt werde ich durch den Gebetsaufruf der Muezzins. In direkter Umgebung meiner Wohnung sind gleich drei Minarette auszumachen. Deshalb überschneiden sich die verschiedenen Gebete, die auch noch von unzähligen Lautsprechern verstärkt widerhallen. Ich bin ein wenig froh, die Ermahnungen nicht zu verstehen. Dennoch schüchtern die dröhnenden Stimmen, die sich über die Stadt legen, ein.

Die stimmliche Darbietung durchläuft eine Skala von metaphysisch-entrücktem Wohlgesang bis zu einer Kehlkopfkrebs-Ode. Besonders der Abschnitt, wenn die einzelnen Muezzins aufhören zu singen und – es klingt zumindest so – in rauem Tonfall ihre Umwelt beschimpfen oder das Ende der Tage herbeirufen, kann ein Unwohlsein zur Folge haben. Ich fühle mich ein wenig wie ein kleines Kind, das von seinen Eltern geschimpft wird. Als ob ich jetzt Stubenarrest hätte, verlasse ich meine Wohnung nicht, bevor das Gebet zu Ende ist. Ich beschließe, mir demnächst einige Stellen übersetzen zu lassen – vielleicht ist mir dann wohler zumute.

Die Einheimischen sind da schon ein bisschen lockerer. Überhaupt wirkt es so, als sei der Singsang ins Unterbewusstsein verschoben worden. Bis jetzt habe ich niemanden getroffen, der sich dem Muezzin im Gebet anzuschließen schien, geschweige denn einen Teppich aus der Hose gezogen und sich auf die Knie geworfen hätte, Hände Richtung Mekka – in welcher Richtung das jetzt auch sein mag.

Nachdem das Gebet geendet hat, treibt mich der Hunger

hinaus. Diesmal will ich es mir leichter machen. Etwa hundert Meter unterhalb meines Hauses befinden sich ein McDonalds und ein Burger King. Das würde bedeuten vertrauter, wenn auch nicht gerade geliebter Geschmack – und Bilder, auf die man zeigen kann. Aber das wäre dann doch zu einfach, schließlich ist man auch ein Abenteurer!

Ich entscheide mich für also den Mittelweg, der aber, wie sich herausstellt, ohnehin schwierig genug wird. Neben den bekannten Fastfood-Ketten befindet sich nämlich auch ein *Lebnani-Snack*, ein Fastfood-Restaurant mit libanesischen Einflüssen.

Ich betrete also den *Lebnani-Snack* und bin auch gleich sehr dankbar, als neben den arabischen Schriftzeichen, die die Wände wie orientalische Ornamente bedecken, die verschiedenen Menükombinationen „Combo 1" bis „Combo 6" auch abgebildet sind. Ich teile der jungen Angestellten mit, dass ich gerne Combo 4 probieren würde, der bildlichen Darstellung nach also Fladenbrot mit vermutlich Hühnerfleisch, dazu Pommes Frites und, nein, kein Cola, sondern einen in Amman sehr beliebten Frucht-Shake.

Da beginnen von Neuem die kleinen Probleme des Alltags, die mir allmählich schon masochistische Befriedigung bereiten. Ich drücke der Angestellten einen Fünf-Dinar-Schein in die Hand, worauf diese ein Zeichen macht, das man als Österreicher als archetypisch italienisch bezeichnen würde: Das Mädchen erhebt ihre Rechte und legt alle fünf Fingerspitzen aneinander.

Ich pflichte ihr begeistert bei: Ja, ich glaube, meine Entscheidung ist wirklich gut getroffen. Mamma mia, das würde gut schmecken!

Doch alles Nicken und freundliche Lächeln meinerseits – die Angestellte hört nicht auf mir das Buon-gusto-

Zeichen – oder wie man es nennen will – zu zeigen. Die Lösung muss woanders stecken.

Nachdem ich bemerkt habe, dass sie meinen Geldschein noch in ihrer linken Hand hält, versuche ich es mit Kleingeld. Wechselgeld war schon öfter ein Problem in den letzten Tagen. Ich strecke ihr meine Hand mit einer reichen Auswahl an jordanischen Münzen hin, Piaster, Fils, Viertel-Dinar-Münzen und was sonst noch alles gibt.

Anstatt sich zu bereichern, gibt sie mir aber meinen Fünf-Dinar-Schein zurück.

Musste ich jetzt das Lokal verlassen, hatte ich Lokalverbot? Vielleicht sieht sie mir an, dass ich vor drei Tagen ein Bier getrunken habe ... und vor knapp einer Woche habe ich noch Schweinespeck in mich hineingestopft!

Die Lage entspannt sich aber schließlich doch noch: Die Angestellte vermittelt mir durch ein *No!*, dass es einen Teil meines Menüs nicht mehr gibt. Welchen Teil, das bleibt weiter unklar. Deshalb probiere ich einfach die sechs Menüvorschläge durch:

- Combo 1?
- No
- Combo 2
- No
- Combo 3
- Yes!

Alle Angestellten des *Lebnani-Snack*-Restaurants reißen ihre Hände in die Höhe und jubeln mir zu. Der Chefgriller wirft Fleischlaiberl in die Luft, der Früchteauspresser spritzt mit Orangensaft um sich. Ich drehe mich um, und die Schlange hinter mir formiert sich zu einem Halbkreis. In die Mitte springt ein bärtiger, kleiner Mann und setzt zum Gesang an. Ich erkenne die raue Stimme des Muezzins und plötzlich kann ich, wie durch eine Eingebung, jedes Wort verstehen. In bedrohlichem Ton, doch zwischendurch immer wieder auflachend, singt er:

> „Hier muss niemand hungern,
> selbst Analphabeten und Amerikaner, ha
> bekommen ihren Burger
> mit Pommes oder mit Houmus. Ha, ha,
> Mahlzeit sag' ich: So Gott will!"

Lachend zitiere ich Nasreddin Hodscha, den Till Eulenspiegel im türkisch-islamischen Raum, der auf die Frage nach seiner liebsten Musik antwortete, es sei die der Teller und Schüsseln. Narren, las ich unlängst in einem Buch über die arabische Literatur, ziehen es vor, „sich dumm oder ‚verrückt' zu stellen, da die Zeitläufe oder ihre Lebensverhältnisse ihnen keine andere Wahl lassen".

Ich versuche, meine Fantasie wieder etwas zu zügeln und begebe mich zum Schalter, an dem das Essen abzuholen ist. Zuvor wird mir aber noch eine Quittung mit der Nummer 39 in die Hand gedrückt. Jetzt muss ich warten, bis mein Essenstablett bereitgestellt wird.

Da ich bisher nur schleppend bis 10 zählen kann, liegt die Nummer 39 eindeutig außerhalb meines sprachlichen Horizonts. Ich fläze mich also nicht wie die anderen Kunden gemütlich an einen Tisch, um zu warten, bis jemand meine Nummer aufruft, sondern stelle mich vor den Schalter, lächle „meine" Angestellte an und zeige ihr wiederholt meine Quittung.

In seinem Revier ist jeder Fuchs ein Löwe, ein Sprichwort, das ich tags zuvor gelesen habe. Dann wäre ich hier so etwas wie der Hase, der seinen Bau nicht mehr findet und den Löwen und den Fuchs, die gerade auf Kaffeepause sind, nach dem Weg fragt. So oder so ähnlich.

Es ist immer noch Freitag. Und am Feiertag dauert hier alles ein bisschen länger ...

Mein Essen bekomme ich dann aber doch. Die Angestellte kennt meine Nummer mittlerweile wohl auch schon und drückt mir mein Tablett ohne weitere Umstände in die Hand. Löwe und Fuchs sind doch nette Zeitgenossen.

Nach dieser Darbietung beschließe ich, die nächsten zehn, fünfzehn Minuten ein bisschen weniger aufzufallen und mache mich auf die Suche nach Kaffee.

Keine fünfzig Meter weiter finde ich auch gleich einen Kaffeebrauer, keine vierzehn Jahre alt. „Qahwa!", rufe ich ihm zu. Der hier soll nicht so leicht erkennen, dass ich kein Hiesiger bin, meine leidlich blonden Haare habe ich unter einer dunklen Mütze versteckt.

Doch auch bei der Qahwa-Zubereitung tauchen nun einmal Fragen auf. Ich verlege mich auf Nicken und geschickt murmle ich ein paar Rachenlaute, die so viel wie *Mach nur, mach nur!* bedeuten sollten.

Als der Verdauungskaffee fertig ist und ich den Viertel-Dinar bezahlt habe, habe ich meine Stimme plötzlich wiedergefunden und schmettere dem Jungen ein freundliches *Salam!* entgegen.

Kaffeeschlürfen kann ich schon wie ein Einheimischer.

7. Der Kampf ums Fleisch

Hier würde genau ein Auto reinpassen. Ich überlege, ob die meisten Läden früher Privatgaragen waren, bevor das Benzin teurer wurde – das wurde es nämlich auch hier.

Hinter einem Glaskasten laufen fünf junge Männer durcheinander, jeder bereitet irgendeine Mahlzeit vor. Meistens handelt es sich um Fleisch, das in hauchdünnes Fladenbrot eingewickelt wird. In der Mitte thront ein alter Mann im typisch palästinensischen Outfit. Ob all das seine Söhne sind?

Auf meiner Seite des Glaskastens ist nicht viel weniger los. Jeder will irgendwas und das vor den Anderen. Irgendwann bin ich wie durch Zufall auch mal vor den Anderen und bestelle die Nummer 4: „Steak", das ganze in einem Hotdog-Brot. So sieht es auf dem Bild aus.

Als mein Essen fertig ist, tauche ich mit der Hand durch das Getümmel und schnappe mir meinen Anteil.

Mit der Annahme, dass der alte Mann die Finanzen übrig hat, liege ich richtig. Ich stecke ihm einen Schein zu, der anscheinend zu wenig ist. Mein Professor Mahdi, sozusagen mein Coach und Mentor, hat mir gleich am ersten Tag eingetrichtert, dass ich überall runterhandeln müsse. *Na ja, überall auch nicht*, hat er zuletzt noch gemeint. Dass man in einem Supermarkt mit Preisetiketten an den Produkten nicht feilscht, leuchtet mir da noch ein. Ob ich an dieser Stelle nun feilschen soll, ist mir aber nicht ganz klar.

Der erste Schein war also eindeutig zu wenig, ich gebe dem Mann noch einen. Zwei Dinar scheint ein angemessener Preis für eine Getränkedose und ein gefülltes Stück Brot.

Da will der liebe Mann noch etwas. Er zeigt mir drei Finger. Drei Dinar scheinen recht viel zu sein. Einer seiner Jungs kommt ihm zu Hilfe: *Three hundred*.

Mein Gehirn arbeitet. Dreihundert heißt 300 Fils. Fils-Münzen habe ich bis jetzt noch nicht gesehen. 300 Fils sind aber das gleiche wie 30 Piaster. Was 0,3 Dinar sind. Was nicht sehr viel ist. Ich krame mein Kleingeld hervor und zahle den restlichen Betrag.

Genau an dieser Stelle liegt die fast unsichtbare Grenze, der schmale Grat zwischen Feilschen und Ahnungslosigkeit: Wenn ich in unklaren Fällen einfach mal zu wenig gebe und dem Gegenüber festen Blickes in die Augen schaue, glaubt dieser wohl, ich möchte den Preis drücken. Und wenn es nun wirklich ums Feilschen ginge, würde dieser den Preis auch herabsetzen. – Das war so ungefähr mein Masterplan.

Ich setze mich mit meinem Steak ein paar Meter weiter auf zerbröckelte Steintreppen und packe meine Beute aus. Mahlzeit! Das „Steak" in meinem Hotdog würde ich als gedünstete Eingeweide versetzt mit Dosenchampignons beschreiben. Damit mir nicht schlecht wird, probiere ich möglichst wenig zu kauen.

Nach Kurzem streift eine Katze um mich herum. Hier gibt es viele räudige Katzen, die nachts durch das Viertel streichen und mich mit ihren durchdringenden Schreien immer wieder aus dem Schlaf schrecken. Ein Exemplar hat es nunmehr auf mein Steak abgesehen und wohl weniger auf die Champignons.

Die Kreise der Katze werden immer enger. Sie sieht hungrig aus und ist ein wirklich schönes, rot-weiß geflecktes Tierchen. Als sie etwa zwei Meter vor mir sitzt und mich anmiaut, hebe ich mein Bein ruckartig, um ihr klarzumachen, dass ich nicht teilen will.

Da bemerke ich, dass mich ein paar Umstehende mustern. Der Bettler mir gegenüber schaut zwar schon länger her, die beiden Jugendlichen daneben haben mich aber gerade das erste Mal mit ihren Blicken abgetastet.

Ich überlege, ob ich schon wieder etwas falsch gemacht habe. Da fällt mir ein, oder: Da bilde ich mir ein, dass die Katze doch in Ägypten ein heiliges Tier ist, oder: war. Ist sie es etwa auch hier? Ich erinnere mich bei Orhan Pamuk gelesen zu haben, dass der Prophet sich dereinst ein Stück seines Rocks abgeschnitten hatte, um eine Katze, die in seinem Schoß eingeschlafen war, nicht zu wecken.

Bei meinen Überlegungen vergesse ich nicht zu kauen: Mir wird schlecht. Ich bemerke, wie ich längstens an einem glitschigen Dosenpilz sauge.

Die kulturellen Implikationen scheinen unüberbrückbar: Gebe ich der Katze das restliche Viertel meines Hotdogs und stelle damit womöglich den dekadenten Europäer dar? Oder gebe ich das Stück dem ärmlich aussehenden Mann und riskiere damit, beschimpft zu werden? Weil er nämlich gar kein Sandler ist, sondern nur nicht so viel Wert auf Körperpflege legt, oder weil ich den offensichtlichen Wunsch der möglicherweise heiligen Katze missachte.

Ich drehe mich also um, gehe zur Hinterseite des Gebäudes und lasse dort – *hoppla* – am Straßenrand – *so was Blödes!* – mein restliches Abendessen fallen. Ohne mich umzublicken, wähne ich die Katze auf meinen Fersen: *Mahlzeit!*

Als ich diese Ereignisse Revue passieren lasse, wird mir klar, dass ich mich von einer Katze habe vertreiben, ja quasi habe ausrauben lassen: *Amman ist also doch nicht so ungefährlich!*, so mein Fazit aus diesem Kampf ums Fleisch.

8. Wachstum

Ich frage mich, wie sich mein Körper durch die ständige Verlockung von Fastfood und stark gezuckertem Kaffee in den nächsten Monaten verändern wird. Wird er unaufhörlich in die Breite gehen, langsam aber stetig expandieren wie der Umriss Ammans? Vor hundert Jahren hatte Amman gerade mal 2 000 Einwohner. Vor 20 Jahren hatte ich vielleicht gerade mal 20 Kilo ...

Die Einwohnerzahl der Wüstenstadt stieg allerdings ungleich schneller als mein Körpergewicht: 1922 wird Amman zur Emiratshauptstadt und hat bald schon 25 000 Bewohner, während mein Körpergewicht sich in zehn Jahren beileibe nicht verzehnfacht hat. Mit der Gründung Israels Ende der 1940er-Jahre erlebt Amman einen weiteren Wachstumsschub. Die Stadt empfängt Tausende exilierte Palästinenser. 1950 wird Amman die Hauptstadt des haschemitischen Königreiches Jordanien. Der Jordan trennt das Land von Israel. 1963 zählt die Stadt 245 000 Bewohner, vier Jahre später sind es dann 443 000.

Der Bürgerkrieg im Libanon der 1970er und der Golfkrieg bringen die Statistiken durcheinander, zwischen 1,2 und 2 Millionen Menschen leben heute hier, wobei die neuen Irakflüchtlinge wahrscheinlich nicht eingerechnet sind.

Ein Professor erklärt mir, dass sich die Zahl der irakischen Flüchtlinge auf rund 750 000 beläuft, dabei beruft er sich auf einen Freund, der bei der Geheimpolizei arbeitet. Tags darauf lese ich die gleiche Zahl in der *Jordan Times*: Die UN schätzt 750 000 irakische Flüchtlinge allein in Jordanien. Ein großer Anteil dieser Flüchtlinge hat sich anscheinend in Amman, der einzigen wirklichen Großstadt Jordaniens, niedergelassen, die meisten von ihnen allerdings illegal.

Interessant scheint dabei, dass die Regierung finanzielle Unterstützung von den USA und der EU erhält. Die – illegalen – Iraker haben aber am wenigsten davon.

Ein Aufenthalt ohne gültiges Visum kostet 1,5 Dinar pro Tag. Will ein Iraki nun in den Irak zurückkehren, muss er mitunter an der Grenze umkehren, weil er den geforderten Betrag nicht zahlen kann. Alle anderen, die die Gebühr aufbringen können, sind aber eine gute Einnahmequelle für das jordanische Königreich.

Währenddessen steigen die Preise für alle und alles täglich. Und zwar mit freiem Auge erkennbar. Die Einheimischen beklagen neben den gestiegenen Benzinpreisen – über die ja überall geklagt wird – besonders die Preiserhöhungen bei Grundnahrungsmitteln und Babynahrung.

Heizen ist zum Luxus geworden: Der Vorstand der Germanistik erklärt mir, dass die Heizkosten für die Räume am Institut innerhalb eines Semesters von 300 auf 500 Dinar gestiegen sind.

Das Problem dabei ist, dass die Gehälter im selben Zeitraum – wenn überhaupt – nur minimal angehoben wurden. So verdient eine Putzfrau 150 JD. Meine 18qm-Wohnung habe ich auf 175 JD pro Monat herunterhandeln können, inklusive Betriebskosten. Aber geheizt wird bei mir im Haus ja sowieso nicht. Und wann das Wasser zum Duschen angewärmt wird, das sagt mir der Hausmeister.

Aber was jetzt das Wachstum betrifft: Ich meide also die Fast-Food-Restaurants, der schwarze Kaffee scheint manchmal reichhaltig genug. Und nach einiger Zeit, in der Amman vermutlich immer weiter zugenommen hat, halte ich mein Breitenwachstum doch wieder unter Kontrolle.

9. Ich bin verlobt

Ich sitze mit Mahdi in der völlig überfüllten Universitätskantine. Mahdi, eigentlich Professor Mahdi I. und ich versuchen uns über den Lärmteppich hinweg zu unterhalten.

Er sei zwar geborener Palästinenser, erklärt er mir zu wiederholtem Male, aber eigentlich Grazer. Ich hatte es schon wieder vergessen. Er weiß also auch nicht alles über Amman und die Leute hier. Ich werde mir wohl noch einen Informanten besorgen und meine Fragerei einstweilen abstellen.

Mahdi hat vor 22 Jahren sein Germanistikstudium in Graz begonnen. Jetzt ist er hier der einzige, der auch Österreich in seinen Unterricht einfließen lässt. Der Deutschlandzentrismus ist mir schon aufgefallen, als mich eine Studentin fragte, ob denn in Australia wirklich auch Deutsch gesprochen werde.

Mahdi überfliegt mit seinem Blick die rumorende Studentenhorde in der Kantine und meint: „Der Heiratsmarkt ist wieder voll im Gange."

Ich folge seinem Blick und da sind auch schon dunkle Mädchenaugen, die vielsagend gesenkt werden. Dazu verschmitztes Lachen.

Erneut nehme ich mir vor, das Gerücht, ich sei verlobt, in die Welt zu setzen. Es geht nur so schwer über die Lippen: Ich bin nun mal kein guter Lügner.

Eine eindeutig direktere, unverblümtere Ermittlung meines derzeitigen Familienstands erlebte ich tags zuvor. Bei der Einreise musste ich mich verpflichten, innerhalb von zwei Wochen meinen Wohnsitz der Polizei zu melden. Ich stieg also in ein Taxi, um zur Polizeistation des Bezirks Sweileh zu gelangen.

Angekommen erkundigte ich mich bei einem Wachposten, wo denn die Meldestelle sei. Der junge Uniformierte deutete geradeaus und dann links. Ich bedankte mich höflich auf Arabisch und der junge Mann schmetterte mir noch höflicher ein „Thank you very much!" nach.

„You are welcome!", antwortete ich und verließ den Schauplatz, bevor der Wachmann mir noch ewige Freundschaft schwören konnte.

Ich ging geradeaus und dann links. Und betrat einen Raum mit fünf uniformierten Frauen. Ich dachte noch, ob ich hier etwa bei der Frauenmeldestelle sei und ob es so etwas überhaupt gäbe. Doch die Damen winkten mich schon zu sich. Also stand ich auch schon, in der Hand meinen Reisepass und meinen Mietvertrag, vor einer Glasscheibe. Hinter der Glasscheibe fünf Polizistinnen, mich musternd. Fünf Frauen in blauer Uniform und mit einheitlich weißem Kopftuch.

Kurz zuvor hatte ich gelesen, dass Königin Raina mehr Frauen in den Staatsdienst bringen wolle. *Noch mehr?!*, dachte ich in diesem Moment, während mich die Politessen genussvoll beobachteten. Die Stimmung, die in der Luft lag, erinnerte nicht an amtliche Kühle. Eher an Kaffeeklatsch. Da kam auch schon ein Kollege mit dem *qahwa*.

Als einziger mit freien Händen erklärte ich gestikulierend mein Anliegen. Die Dame, die direkt vor mir saß, nahm meinen Pass und untersuchte ihn. Schlückchen für Schlückchen.

Die erste Frage betraf wieder einmal meine Staatszugehörigkeit. Nein, nicht Australien. Ich zeichnete den Politessen eine Landkarte in die Luft: Almania, Austria, Italy.

Die Damen zeigten an meinen Ausführungen wenig Interesse.

Da kam auch schon die zweite Frage: „Are you married?"

Kichern. Nicht von meiner Seite der Glasscheibe.

Reflexartig sagte ich: „Yes!"

Und schon hatte ich die ersten jordanischen Staatsbeamten belogen. Gleich fünf auf einen Schlag.

Ich überlege kurz, ob der „Familienstand" etwa im Reisepass vermerkt sei. Ich würde einfach erklären, es sei eine heidnische Hochzeit gewesen. Im Wald. Nichts Staatliches. Nur Gott, besser: Allah, war Zeuge. Und ein paar Tierchen.

Die fünf Frauen wendeten sich gemeinsam meinem Reisepass zu. So viel ich aus den Gesten und Ausrufen erkennen konnte, drehte sich die Diskussion wieder um meine Herkunft.

Auf die Frage „Germany?" erklärte ich noch, dass wir in Österreich zwar auch Deutsch sprechen und ich hier sogar Deutsch unterrichte, dass wir aber trotzdem keine Deutschen seien.

„Why?"

Eine gute Frage.

Ich fühlte, dass meine landeskundlichen Informationen zu Österreich schon genug Verwirrung gestiftet hatten und antwortete mit einer Geste, die „So isses halt" bedeuten sollte.

Schließlich ging ich mit einer Politesse zu einem ihrer Vorgesetzten. Gemeinsam über meinen Pass gebeugt diskutierten sie. Der Vorgesetzte schien aber geographisch wie kulturell bewandert zu sein und erklärte mir anhand des bewährten Schemas Almani-Austria-Italy, wo Österreich liegt und summte mir darauf noch eine Melodie vor, die ich zwar nicht erkannte, die aber dezidiert unarabisch klang. Ja, eine große Musiknation, dieses Österreich.

Der Mann erklärte mir in relativ flüssigem Englisch, dass die Frau Polizistin gedacht habe, Österreich gehöre zu Deutschland. Meine Anmerkung, das sei doch schon einige Jahre her, unterließ ich dann doch lieber.

Stattdessen befragte mich der Vorgesetze, was ich denn schon auf Arabisch sagen könne. Und wie ein Schuljunge finde ich mich vor einem Staatsbeamten wieder, er gemütlich hinter seinem Schreibtisch sitzend, ich stramm davorstehend, auf einem Teppich, Hände hinter dem Rücken, Blick nach oben, und rezitiere meine Arabischvokabeln, mich am heimatlichen pinzgaurischen Dialekt und seinen ch-Lauten orientierend, die in meinem Fremdsprachenrepertoire dem Arabischen noch am ehesten ähnelten.

Ich ordne die Wörter in einer Reihenfolge an, in der sie einigermaßen Sinn ergeben. Wie ein Innergebirg-Bergbauer schreie ich dem *Schantinger* – dem Kieberer, dem Polizisten – entgegen: „Marhaban! Chamsa qahwa! La, udran: itnan schai! Schukran! Salam wa en'shalla", was man zu Hause mit „Servus! Fünf Kaffee! Nein, Entschuldigung: Zwei Tee! Pfiatgott!" sagen würde, wenn überhaupt.

Der Mann hieß mich daraufhin willkommen in Jordanien, erkundigte sich nach allfälligen Eingewöhnungsproblemen und schickte mich nach Hause. Ich durfte bleiben!

Und so sitze ich also in der Kantine mit Mahdi und höre, seine Exfrau konnte nie verstehen, dass sein Frühstück aus Kaffee und Zigaretten bestand, worauf ich ihn frage, ob er etwa noch nie ein Rosinenkipferl mit Butter gegessen habe.

10. Der erste Unterricht

Der erste Unterricht, Thema Literatur.

Ich lehne am Schreibtisch, ein Bein am Boden, das andere pendelt. Eine Haltung, die ich mir anno dazumal von meinem Deutschlehrer abgeschaut habe. Wenn ich auch mal so alt bin, hieß es damals noch, werde ich mit jüngeren Menschen genau in dieser Position reden.

Und sehe auf meine drei Studentinnen. Immerhin, sie wirken interessiert.

Aber auch verloren, in einem Saal, der für etwa zweihundert Studenten konzipiert ist. Wir befinden uns in einem Amphitheater. Der Saal ist relativ neu. Die mittleren, ansteigenden Sitzreihen bilden den Hauptteil, flankiert von schmaleren Reihen zur Linken und Rechten. Im Brennpunkt, im Mittelpunkt des Halbkreises befindet sich mein Podium, der Schauplatz, an dem ich künftig die Menschliche Komödie als Solovorstellung darbieten, den Zuschauern die conditio humana in einem dramaturgischen Kraftakt vor Augen führen, das große Welttheater als Ein-Mann-Schau zelebrieren werde.

Ich überlege, ob ich die Anwesenden besser verteilen soll, mehr aus dem Saal rausholen soll. Du da, setz dich da links rauf. Du bleibst. Und du da gehst nach rechts oben.

Einstweilen lasse ich sie aber noch sitzen. Vielleicht kommen ja noch mehr. Das würde dann die Symmetrie empfindlich stören.

Meinen Namen kennen sie schon, also frage ich, ob's Fragen gibt.

Ich mache mich auf den alten Angriff auf meinen Familienstand gefasst.

Und schon wagt sich die mittlere Studentin vor: „Ich habe eine Frage. Die ist ein bisschen persönlich."

Ich schaue sie ermunternd an: „Kein Problem."

„Sie sind doch ein Mann", sagt sie und stockt. Ihre beiden Nachbarinnen muntern sie mit ihren Blicken auf fortzufahren: „Wieso studieren Sie dann Literatur?"

Der Schlag geht tiefer als erwartet. Trotzdem versuche ich weiterhin freundlich zu schauen und bin froh, mein erstarrtes Lächeln nicht sehen zu können. Ein Satz, den ich vor einiger Zeit aufgeschrieben habe, kommt mir ins Gedächtnis: *In meiner Nützlichkeit gleiche ich einem Blinddarm.*

Um eine Antwort zu liefern, murmle ich etwas von Brecht, Milton oder Whitman und dass die ja auch Männer gewesen seien.

Meine Lehrerposition wird allmählich auch ungemütlich. Das Pendelbein scheint kurz davor abzusterben, mein Hintern schmerzt. Daher imitiere ich den ewig wandelnden Dozenten, den ich in der Unterrichtsbeobachtung von Professor Mahdi abgeschaut habe. Das heißt, ich gehe von einer Seite meiner Bühne zur anderen. Nur kein Abgang und nicht aufhören zu dozieren. Ein Schweigender, der vor den Studenten hin- und herrennt, macht kein gutes Bild. Das ist einmal klar. Möglichst lautes Sinnieren ist angesagt. Bei Mahdi wirkte es eindeutig intellektuell. Vielleicht hätte ich es noch vor einem Spiegel üben sollen, per Videoaufnahme analysieren.

Ein intellektuelles Extra, das ich nicht von Mahdi gelernt habe, da dieser keine Brille trägt: Das klassische Brilleabnehmen, Aussage tätigen und in den Bügel beißen. Sogar eine Aussage wie *Hemingway war ja auch ein ganzer Mann* gewinnt dadurch an Bedeutung. Die Studentinnen haben allerdings noch nichts von Hemingway gelesen.

Da sie auch das Buch, das wir gemeinsam lesen werden, noch nicht kopiert haben, lese ich ihnen schließlich die ersten paar Seiten daraus vor. Mit leichtem Stocken an manchen Stellen und Aussprachemängeln. Aber verständlich: Ich muss nebenbei auch auf meinen Weg achten.

Ich scheue mich etwas vor einer neuen Frage nach Fragen. Die Stunde ist ohnehin schon fortgeschritten, und da ich nicht das gesamte erste Kapitel vortragen will, belassen wir es dabei. Was im Buch passiert, haben sie wahrscheinlich nicht verstanden. Aber nächstes Mal werden wir sowieso wieder von vorne beginnen.

Als wir den Hörsaal verlassen, bemerke ich, dass hier wirklich nur Frauen sind. Der Gang wimmelt von Kopftüchern. Ich erforsche mein Gedächtnis nach männlichen Studenten in den Literaturvorlesungen am Vormittag. Ich habe den Unterricht beobachtet, meistens das Verhalten der Professorin, die eindeutig eine Frau war. Ließe man das letzte A in ihrem Namen weg, würde sie allerdings Maximilian heißen. Ich entsinne mich, in den Reihen vor der Professorin nur feminine Züge ausgemacht zu haben, gezupfte Brauen über dunklen Augen. Gerade in dem Moment, als ein bärtiges Gesicht vor meinem geistigen Auge auftaucht, werde ich angeredet: „Hallowiegehts?" Die übliche Floskel.

Was mich aber aufmerken lässt, ist gerade das bärtige Gesicht, aus dem die Anrede kam.

Ich habe folglich einen männlichen Germanistikstudenten vor mir. Um nicht offensiv zu wirken, führe ich ein wenig Smalltalk. Über das Wetter, das Wochenende und Goethe. Die Überleitung scheint geglückt, ich kann ihn nun ohne weiteres fragen, weshalb er Germanistik studiert: „Ich mag Mercedes", meint er.

Ich kann die Schriftstellerin nicht so recht einordnen, kenne im deutschsprachigen Raum überhaupt nur eine Mercedes Echerer und in meiner Gehirnbibliothek ist noch eine Mercedes Sosa eingespeichert. Beide aber eigentlich nicht primär wegen ihres schriftstellerischen Talents berühmt. Daher frage ich noch einmal nach.

Seinen Kopf neigend meint er: „BMW ist auch ganz in Ordnung."

11. Die Duschprozedur

Die Duschprozedur erfordert höchste Disziplin. In der Regel wird das Wasser zwischen 21.30 und 21.45 Uhr angewärmt. Hier wird bewusst das Wort „anwärmen" verwendet und nicht „erhitzen". Das Wasser, das aus dem Duschkopf hervorquillt, ist nämlich höchstens als „lau" zu bezeichnen. Nein, nicht „lauwarm", es ist einfach nur „lau". Mit Wärme hat das gar nichts zu tun.

Und für einen designierten Warmduscher ist das natürlich die Hölle. So heiß kann es in der Hölle gar nicht sein, so lau ist dieses Wasser. Oder: So schlimm kann die Hölle für einen Warmduscher gar nicht sein: Da ist es zumindest warm.

Um einen plötzlichen Schocktod zu vermeiden, heißt es also Aufwärmen, bevor die Abkühlung erfolgt. Luftboxen, Kniebeugen, Buchstemmen. Dabei kommt regelmäßig Musils *Mann ohne Eigenschaften* zum Einsatz, mein schwergewichtiger Lesestoff für die Ammaner Zeit, in S(eiten) gemessen immerhin 1 632 S.

Nach den Aufwärmübungen ziehe ich mich aus und hänge mein Gewand an die Haken, die an der Tür festgeschraubt sind. Nackt wie Gott mich schuf, drehe ich den Hahn auf. Wie der Atem des Todes umweht ein kalter Hauch meinen getrimmten Körper. Luftboxen, Kniebeugen, Buchstemmen! Jetzt schlage ich auf meine Muskeln ein, um sie vorzuwarnen. Gleich ist es soweit.

Unweigerlich muss ich mich dabei im Spiegel betrachten, der sich neben der Dusche befindet. Ein Gesichtsausdruck wie Rocky Balboa, wenn er in den Ring steigt, die weit aufgerissenen Augen sagen: „Ich bin bereit." Ich stürze mich in die Fluten. Das Grölen, das aus meinem tiefen Inneren emporsteigt, erfüllt den ganzen Duschraum bis hinüber zur Klobrille, die zu erzittern scheint und das Gleichgewicht zu verlieren droht. Wie bei einem Kettensägemassaker spritzt das kalte Nass durch den Raum. Doch die Geräuschkulisse gleicht nicht einem Rocky-Nahkampf-Blutbad, sondern vielmehr einem Nahkampf brünstiger Wildschweine.

Als ich meine Körperpflege beendet habe, ist mir wieder einmal klar, dass das Wasser keineswegs *angewärmt* worden ist. Abermals verfluche ich die Hausbesorger-Gang: Aburrad, Nasar und *den Syrer*, so war mir der Dritte im Bunde vorgestellt worden.

Allabendlich sitzen die drei, manchmal verstärkt durch Hausbewohner, im Eingangsbereich des *Hotel Najah*, essen, trinken Kaffee und sehen fern. Und wahrscheinlich war heute das Abendprogramm so spannend, dass sie wieder einmal auf die Zeit vergessen haben, und aufs Wasserwärmen.

Das Warten auf einigermaßen warmes Wasser erwies sich als zeitraubend. Man kann sagen, ich wurde erst im letzten Monat meines Aufenthalts mit wirklich warmem Wasser versorgt. Dafür konnte bis zum letzten Tag passieren, dass überhaupt kein Tropfen die Leitung verließ.

Eines Tages führte mich Nasar, der Hausmeister, in den Keller. Ich war überrascht, wie tief das *Hotel Najah* in den Untergrund reichte. Wir stiegen drei Stockwerke tief. Die Stiegen waren nur spärlich von einer flackernden Glühbirne beleuchtet. Als wir ganz unten angekommen waren, stieß Nasar eine Tür auf. Dahinter ein kleiner Raum, die Decke keine zwei Meter hoch, die Wände nur oberflächlich und vor langer Zeit verputzt. Der Boden war nicht zu sehen, eine schmierige Flüssigkeit überzog ihn. In diesem Raum befanden sich drei Männer, die knietief im

Wasser standen und an riesigen, dröhnenden Maschinen hantierten. Nasar deutete auf dieses kafkaeske Szenario und wiederholte einen Satz, den ich mir mit „Hier liegt das Problem!" übersetzte.

12. Bilder und Worte

21.42 Uhr: noch kein warmes Wasser. In Boxershorts sitze ich auf dem Bett und warte. Dann gehe ich noch einmal ins Badezimmer und drehe den Hahn auf. Wasser kommt, bleibt aber kalt. Ein Blick auf die Uhr: 21.46 Uhr. Das war es dann wohl, heute kein Warmwasser. Mein Heizmeister sitzt wahrscheinlich wieder gebannt vor seinem Fernseher. Ich gehe zurück ins Schlafzimmer. Wenn das Abendprogramm denn *so* spannend ist, spricht nichts dagegen, sich diesem auch zu widmen: In meiner Wohnung steht ein kleiner Fernseher.

Ich schalte ihn ein und das Programm ist auch wirklich spannend: Irgendein Verschwörungsfilm nach einem Buch von Tom Clancy, dem US-amerikanischen Thrillerspezialisten. Da ist auch schon ein bösartiger Araber zu sehen, der ungeschickt an einer Bombe hantiert. Sicher irgendein Palästinenser, denke ich, und schon fliegt er in die Luft. Ich werde es wohl nicht mehr erfahren.

Am Wochenende gab es wieder eine israelische Offensive im Gazastreifen mit über hundert Toten. Meine Fernsehsender *mbc*, *mbc2* und *mbc action* kommen aus Syrien. Oder dem Libanon, oder Ägypten. Drei verschiedene Ansprechpartner gaben mir diesbezüglich drei verschiedene Antworten.

Eine objektive Berichterstattung ist demnach eher nicht zu erwarten. Aber Gott sei Dank verstehe ich nicht, was die Nachrichtenreporterin erzählt. Die Medien spielen wieder einmal „cheerleaders of death", wie Ex-UN-Inspektor Scott Ritter die Kriegs-Berichterstattung charakterisiert hat.

Ich liege also vor dem Fernseher, schalte das Gehirn aus und trinke Wasser. Ich schalte das Gehirn kurzfristig wieder ein, denke daran, dass ich mittlerweile schon sehr lange keinen Alkohol mehr getrunken habe, und rechne aus, das letzte Mal, als ich so lange keinen Alkohol getrunken hatte – da konnte ich noch gar nicht rechnen, so jung war ich da.

Um mich auf andere Gedanken zu bringen, überlege ich, wann ich den letzten nackten Busen im Fernsehen gesehen habe. Wann ich einen realen gesehen habe, weiß ich, aber auf einem Fernsehbildschirm?

Ich sehe vorwiegend *mbc2*. Hier werden vor allem US-amerikanische Filme gezeigt, im Original, aber mit arabischen Untertiteln. Und es wird so ziemlich alles gezeigt, was jemals in Hollywood produziert wurde. Der Sex, der sich ja auch in Hollywood verkauft, wird dabei aber ungeniert herausgeschnitten. Mitunter kann es so zu semantischen Unstimmigkeiten kommen, zwischen dem, was man sieht, und dem, was be- und gesprochen wird.

So wie in *See no evil, hear no evil* (USA 1989), auf Deutsch *Die Glücksjäger*, in dem der taube Dave (Gene Wilder) im Zimmer der unglaublich gutaussehenden Bösewichtin nach einer Münze sucht.

Er findet sie auch, da kommt aber die Dame aus der Dusche, mit nur einem Handtuch um ihren Körper. Dave hat keine Waffe dabei, steckt aber geistesgegenwärtig seine Hand in die Hosentasche und fingiert mit dem Zeigefinger einen Pistolenlauf. Er fordert die Dame auf, ihre Hände in die Höhe zu geben. – Schnitt.

Der Rest der Szene wird im syrischen/ägyptischen/libanesischen – jedenfalls: arabischen Fernsehen weggekürzt.

In der Original-Fassung hebt nämlich die Dame die Hände, das Badetuch fällt zu Boden und man sieht ihre Brüste. Während sich Dave langsam zur Tür bewegt, hat der die Hand nicht mehr in der Hose, der angebliche Pistolenlauf beult diese aber noch immer aus …

An späterer Stelle berichtet Dave seinem blinden Kumpel Wally (Richard Pryor) von diesem Abenteuer, und aus diesem Bericht wird nichts herausgeschnitten. – Was den aufmerksamen Zuschauer – und Zuhörer – irritieren könnte.

Aber Bilder wiegen wohl schwerer als das gesprochene oder geschriebene Wort. Auch meine E-Mails, verfasst in öffentlichen Internet-Cafés, mit durchaus anschaulicher Schilderung meiner Duschprozedur, erreichten ohne Kürzungen und Ausmerzungen ihre Adressaten in Österreich. Aber das könnte natürlich auch damit zu tun haben, dass die jordanische Zensurbehörde des Deutschen noch nicht mächtig ist.

13. Sich verständlich machen

Meine Studentinnen können nicht glauben, dass ich kein Wort Arabisch verstehe. Ich erkläre, schon das eine oder andere Wort zu beherrschen.

Welche Wörter ich denn schon kenne, fragen sie mich.

Ich hole tief Luft und bereite geistig mein surreal anmutendes Satzgeflecht aus fünf Kaffees, Entschuldigungen, Bitten und Verabschiedungen vor.

Als ich loslege, komme ich erst gar nicht über die ersten drei Vokabeln hinaus. Nicht, dass ich etwa meinen Paradesatz vergessen hätte. Nein: Die verdutzten Studentinnen fragen mich, was ich mit „chamsa qahwa" sagen wolle.

Ich erkläre ihnen, es handle sich dabei um die Bestellung von „fünf Kaffees", es zeigt sich aber, dass ich knapp zwei Monate lang den Kaffee falsch bestellt habe. Natürlich orderte ich nie fünf Becher, das arabische Wort für die Zahl fünf gefällt mir nur klanglich außerordentlich gut.

Das Ausspracheproblem liegt aber wohlgemerkt nicht bei der Zahl fünf, sondern im „qahwa". Die zweite Silbe wird an irgendeiner anderen Stelle im Rachen geformt, als ich das bis zu diesem Zeitpunkt getan habe.

Die nächsten fünf Minuten des Unterrichts verbringen Lehrkörper und Studentenschaft, also wir vier, mit Sprechen im Chor:

qahwa

qahwa

qahwa

qahwa

Noch bevor ich merke, dass wir die Rollen getauscht haben, sitze ich auch schon in der ersten Reihe und die Studentin Dina schreibt die wichtigsten arabischen Wörter an die Tafel. Meine drei Studentinnen bringen mir mit vereinten Kräften Wörter bei, die mir den Alltag künftig erleichtern sollen. Dabei schreiben sie die Wörter so auf, wie ich sie auszusprechen habe: *chobes* (Brot), *na'ane* (Wurst), *lachme* (Fleisch), *beed* (Ei), *schibne* (Käse). *Mai* (Wasser), *dosch* (Dusche) und *bared* (kalt) liefern mir dann auch gleich eine solide Basis für eine Diskussion mit Nasar, meinem Haus- und Heizmeister, dem Herrscher über Warm- und Kaltwasser.

Aber zuletzt lerne ich sogar ein paar kurze Sätze. Gleich der erste geistert mir wie eine Verheißung in den nächsten Monaten immer wieder durch den Kopf: *Biddi ila matar.*

14. Der Weg zum qahwa

Meine Wohnung ist einen Steinwurf vom Universitätscampus entfernt. Trotzdem gehe ich immer ein wenig früher aus dem Haus, um in der Mensa noch einen Kaffee zu trinken. Ich passiere das Familienoberhaupt der schwarzafrikanischen Familie, die seit kurzem neben mir wohnt. Der alte Mann sitzt einige Stunden am Tag auf einem Holzstuhl vor dem Hauseingang und beobachtet wohlwollend die Geschehnisse. Auf mein Salam-alaikum folgt in der Regel eine mehrzeilige Antwort. Ich verlangsame deshalb stets meinen Schritt, um den ganzen Begrüßungs-Haiku anzuhören und nicke ihm ein *Danke, sehr nett*.

Ich betrete die kleine Mensa, die direkt gegenüber den Sprachinstituten gelegen ist. Da sie zentral positioniert ist, gibt es zu jeder Tageszeit einen Auflauf an Studenten, die irgendetwas wollen.

Zuallererst muss man einem Mann hinter einem Tresen an einer kleinen Kasse erklären, was man konsumieren möchte. In der Regel sind das aber zehn bis fünfzehn Studenten, die das zur gleichen Zeit wollen.

Schlangestehen ist keine jordanische Gewohnheit. Vielmehr versucht man sich möglichst an jedem vorbeizudrängen. Anfänglich hieß das für mich, dass ich einfach immer in der zweiten Reihe versauerte. Mittlerweile bin ich zur vorbildlichen Drängelsau mutiert.

Auch diesmal sind wieder die obligatorischen Zehn bis Fünfzehn vor dem Tresen zu einem menschlichen Knäuel versammelt, aus dem vereinzelt Geldscheine hervorlugen. Denn um sich dem Kassierer bemerkbar zu machen, muss man mit einem Geldschein möglichst knapp vor seiner Nase winken. Wie ein Rasensprenkler schwebt sodann sein Arm von links nach rechts und rechts nach links, sammelt die Geldscheine und Münzen ein und retourniert einen Kassazettel, der eine Benetzung der Kehlen verspricht. Denn mit diesem Kassabeleg erhält man seinen Kaffee oder was auch immer man bestellt haben mag.

Ich sondiere die Lage und stelle mich hinter einem Jungen mit Palästinensertuch auf. Irgendwie trägt der sein Tuch aber komisch, denke ich noch.

Als er im allgemeinen Drängeln konsequent den Kürzeren zieht, schleuse ich mich schließlich auch links an ihm vorbei. Aus den Augenwinkeln betrachtet fällt mir auf, dass er eher unschlüssig zu sein scheint. Da wird mir klar: Während der durchschnittliche Palästinenser sein Kopftuch auf dem Kopf trägt, hat dieser es um den Hals gebunden. Während ersterer es als Schutz vor der Sonneneinstrahlung trägt – wir haben mittlerweile knapp 30 Grad Celsius –, trägt letzterer es wohl als Modeaccessoire und kaum als Erkältungsschutz: Wir haben immer noch 30 Grad Celsius.

Ich bestelle in nahezu einwandfreiem Arabisch einen *qahwa* und drücke dem Kassierer die entsprechenden Münzen in die Hand. Gleichzeitig raunt der neben mir gestrandete Junge mit Halstuch: *One coffee.*

Also wirklich kein Araber. Und kann nicht mal Arabisch, denke ich mir. Was macht der denn bloß da?

Er steckt einen Ein-Dinar-Schein in die Hand des Kassierers. Dieser gibt ihn umgehend zurück und versucht dem Jungen zu verdeutlichen, dass er nicht rausgeben könne.

Eine Welle von durstigen und hungrigen Arabern will den Nicht-Araber schon wegspülen, da steckt er dem Kassierer den Geldschein abermals in die Hand.

Und dieser ihn wieder zurück.

Der junge Nicht-Araber gibt aber immer noch nicht auf,

murmelt nur etwas verzweifelt vor sich hin: *Fuck, I just want a coffee.*

Da ihn jeder zu ignorieren scheint, kläre ich ihn schließlich auf:

Burschi, sage ich ihm, *auf den Schein kann er nicht rausgeben. Da brauchst schon ein paar Münzen.*

Er kramt in seinen Hosentaschen, zieht eine Handvoll silbern glänzender Münzen hervor und sieht mich an. Ja, genau: Münzen.

Ich hole darauf meinen Kaffee ab und verlasse den kleinen Glasbau. Am Eingang bleibe ich stehen, vor mir die studentische Hauptverkehrsstraße, Gewimmel.

Ich schlürfe meinen Kaffee und kommentiere dies mit einem laut vernehmbaren *Aahhhh*. Gut, dieser *qahwa arabija*, Kaffee mit Kardamom.

Interessierten Passantenblicken deute ich mit meinem Becher ein *Guten Morgen!*

15. Gehen

Von Februar bis März fror ich so viel wie noch nie in meinem Leben. Sobald ich meine Wohnung betrat, umwickelte ich meinen Körper mit einer Decke. Amman ist hoch gelegen. Im Winter schneit es immer wieder, die Temperaturen erreichen österreichische Werte. Dabei wird nicht geheizt und die Fenster sind undicht. Über dem Fensterstock ist ein fingerbreiter Spalt, durch den ich manchmal den Wind pfeifen höre.

Bereits am zweiten Tag in Jordanien habe ich mir einen Heizstrahler gekauft. Er steht neben meinem Bett, in Höhe meines Brustkorbs. Nicht das billigste Modell: Es gibt viele chinesische Elektroprodukte hier, die, wie ich später erfahre, regelmäßig die Steckdose zum Schmelzen bringen. Mein Heizstrahler kommt aus Japan und wird von mir heiß geliebt. Dennoch achte ich darauf, dass ich ihn vor dem Einschlafen noch ausschalte. Dafür darf er so um 4 Uhr morgens nochmals eine halbe Stunde arbeiten, wenn ich frierend aufwache. Als ich ihn eines Tages Mitte März in Betrieb nehme und er einen lautstarken Knall von sich gibt und Funken fliegen lässt, muss er ein paar Zentimeter von meinem Bett abrücken. Unsere Beziehung beschleicht allmählich ein Gefühl des Unbehagens, kühlt ab.

Im April ist es schließlich so weit: Draußen wird es schlagartig heiß. Ich bewege mich ein paar Meter, gehe runter zum Kaffeebrauer oder zum Supermarkt und komme verschwitzt zurück. Ich betrete die Wohnung und sehe wie er in der Ecke steht. Starr, fremd, unnütz. Ich frage mich, versuche mich zu erinnern, was er mir in all der Zeit bedeutet hat, kann mich aber keinerlei Gefühle entsinnen, jegliche Nähe ist abhandengekommen: Er ist mir egal geworden, ich wusste, ich würde von nun an ohne ihn leben. Nicht einmal vermissen würde ich ihn und seinen heißen Atem, der über meinen Körper strich in einsamen Nächten. Inzwischen ist es aber wirklich heiß geworden in Amman. Wie man sich eine arabische Welt eben vorstellt. Man verlässt das Haus und ist erst mal geblendet vom grellen Licht, das einfach überall ist – es knallt nicht nur vom Himmel herunter, nein, alle Gegenstände beginnen zu blenden, sodass man bald gewohnt ist, die Augen nur noch als Sehschlitze zu verwenden.

Als Zugabe gibt's die Hitze. Die ersten zwei Monate meines Aufenthalts störte mich vor allem die ewige Schlenderei der Araber. Kam ich auf einen viel begangenen Weg, entwickelte sich das Gehen bald zum Hindernislauf. Tägliches Beispiel lieferte der Gang zum Institut: Ich bewegte mich in etwa dreimal schneller als der gebürtige Araber, der – das adäquate deutsche Lexem scheint mir an dieser Stelle „schlendern" – gemächlich schlendernd mit seinen Kommilitonen schwatzte.

Ich – allein, daher nicht schwatzend und äußerst zielstrebig – steuerte zwischen den Körpern hindurch wie ein Slalomläufer, der Stangenkontakt vermeiden will.

Jetzt ist aber April und die Hitze ist da. Bald habe ich gemerkt, dass sich mein Fortbewegungsstil ändern muss: Bis ich den Unterrichtsraum betrete, habe ich meine Wasserflasche geleert und auch schon wieder ausgeschwitzt. So kann es nicht weitergehen.

Als Lösung beginne ich auf jordanisch zu flanieren: Ich schlurfe hinter Arabern her, imitiere unauffällig ihren Gang, bewege mich von Schatten zu Schatten, in denen ich mich manchmal niederlasse, um Kraft für die nächsten Meter zu gewinnen. Noch nie zuvor ist die menschliche Fortbewegung derart intensiv in mein Blickfeld gerückt, noch nie zuvor habe ich mich mit derartigem Kalkül von einem Ort zum nächsten bewegt.

Aus gegebenem Anlass beschließe ich also, die menschliche Fortbewegung in ihrer Multidimensionalität zum Unterrichtsgegenstand zu erklären. Nachdem ich in meinen Kurs gebummelt komme, erkläre ich den Studentinnen, es gäbe viele Möglichkeiten der menschlichen Fortbewegung – weshalb ich mich heute mit ihnen darüber unterhalten wolle. Denn: Allein mit seinen zwei Füßen sei der deutschsprachige Mensch in der Lage, seinen Körper auf verschiedenste Art von A nach B zu verfrachten.

Um alle Zweifel aus dem Weg zu räumen, präsentiere ich vor Ort die Gangarten eines Deutschsprachigen:

Ich *spaziere* zur Deutschlandkarte.

Ich *promeniere* zur Tafel.

Ich *schlendere* zum Schreibtisch.

Ich *latsche* zur ersten Reihe.

Ich *hüpfe* in die zweite Reihe.

Ich *hetze* zum Waschbecken.

Ich *laufe* zum Fenster.

Ich *renne* zur Tür.

Ich *stürme* zum Goethebild.

Sie *gehen* ganz einfach nach Hause,

als die Unterrichtsstunde plötzlich vorbei ist.

16. Totes Meer

„Halt einfach druff!", schreit mir der Deutsche entgegen. „Kost ja nix!"

Ja, gelobt sei die Digitalfotografie. Denn wer Schlimmes im Schilde führt und klammheimlich die Köpfe von Posierenden abschneidet, wird nunmehr überführt und kann gleich noch mehr Bilder schießen. Da heißt es dann: „Och, schieß mal noch 'n paar, aber diesmal mit'm Kopf druff!"

Ich stehe am Ufer des Toten Meeres und fotografiere zwei Deutsche, wie sie mit einer Zeitung im Meer sitzen. Zuvor haben sie mir noch erklärt, das sei ja obligatorisch, dieses Foto. Das kenne man ja aus den Prospekten usw.

Komischerweise erregt das keine Aufmerksamkeit bei den einheimischen Badegästen. Das Bild von bierbäuchigen Urlaubern mit einer Zeitung, die sie umständlich über dem Wasser halten, ist wohl alltäglich.

Ich bin jetzt das zweite Mal am Toten Meer, das nur eine Stunde Autofahrt von Amman entfernt liegt. Dieses Mal bin ich mit meiner Schwester hier. Beide tragen wir, um lästige Fragen zu vermeiden, die Eheringe unserer Eltern. Wir treten also als Ehepaar auf, was zumindest mir zuweilen etwas unbehaglich ist.

Ich überlege, ob mich etwa einheimische Badegäste vom letzten Mal wiedererkennen, als ich mit einer anderen Frau da war, ohne Eheringe. Aber als Mann hat man ja gewisse Freiheiten hier. König Hussein war viermal verheiratet, da kann ich mir auch zwei Frauen leisten.

Wir liegen unter einem Sonnenschutz direkt am Meer, optimale Position zur Beobachtung. Wir befinden uns am Strand der Einheimischen, der zwar kein Schwimmbecken, sondern nur Duschen bietet, um sich das Salzwasser zu entfernen, dafür aber weniger kostet. Und natürlich

Lokalkolorit besitzt: Frauen, die ihren *djelbab* – ihren Mantel – ein wenig hochraffen und mit den Füßen im Wasser waten, Männer, die genüsslich ihre Wasserpfeife rauchen.

Badende Frauen sieht man nur selten. Auch die Männer gehen eher selten ins Wasser. Eine Studentin hat mir erklärt, dass der arabischen Mythologie zufolge Menschen am Meeresboden wohnen. Genau habe ich das aber nicht verstanden.

Ich habe mir die Erklärung zurechtgelegt, dass die Einheimischen sich etwa so davor grausen, wie ich mich vor Riesenkraken oder -fischen ekle, sobald ich in einem untoten Meer schwimme. Es könnte ja ein verfluchter Meeresbewohner die Hand ausstrecken und den Muslim auf den Meeresboden ziehen. Im Gegensatz dazu mag ich das Tote Meer, keine Viecher, die mir irgendetwas anbeißen, geschweige denn abbeißen könnten.

Es ist bereits Nachmittag, der Strand, anfangs menschenleer, hat sich mittlerweile gefüllt. Meine Schwester und ich beschließen, uns noch einmal mit Schlamm einzuschmieren. Allein die Werbung, die wunderschöne Frauen in voller Schlammpackung zeigt, beweist mir, dass dieser Gatsch offenbar wirklich schön macht. Um den Ehering meines Vaters, der mir um einiges zu groß ist, nicht zu verlieren, streife ich ihn ab und stecke ihn in die Tasche. Auch meine Brille nehme ich ab, obwohl ich nicht sicher bin, ob sie das salzhaltige Wasser nicht ebenso tragen würde. Aber das Meer finde ich wahrscheinlich auch so, fehlsichtig wie ich nun einmal bin. Sobald es um die Zehen nass wird, sagt mir die Erfahrung, bin ich angelangt.

Zuvor geht es aber zum Schlamm. Zu unserer Linken befindet sich eine Art natürliches Moorbad, eigentlich aber nur ein paar Quadratmeter Schlamm. Darin suhlen sich drei Jungen, was für sie das Paradies zu sein scheint.

Ich nähere mich und frage sie, ob ich auch was abkriege. Die Burschen sind gleich Feuer und Flamme und wollen mir alle gleich eine ordentliche Schlammabreibung verpassen. Ich beruhige sie ein wenig, schließlich kann ich mich ja selbst vollsauen. Als meine Schwester hinzukommt, ist die Attraktion natürlich komplett. Sie hat zwar ein keusches Oberteil und dazu eine schwarze Unterhose anbehalten, im Moment scheint aber auch das unverhältnismäßig lasziv.

Als ich meinen verschwommenen Blick 360 Grad schweifen lasse, sehe ich, dass etwa zwanzig Minderjährige um uns stehen und meine Schwester mit Schlamm beschmieren – oder das zumindest möchten.

Da meine Schwester Pädagogin und die uns umzingelnde Horde genau ihre Zielgruppe ist, habe ich zunächst wenig Sorge um sie. Mir wird aber bald klar, dass sie eher nicht zur Auf-den-Katheder-Hau-und-jetzt-ist-Schluss-Fraktion gehört. Die Schmierattacken der Halbstarken werden von ihr nämlich mit einem „Hi-hi" quittiert.

Das nächste, was ich von ihr höre, ist ein leicht nervöses: „Ich flüchte ins Wasser, kommst du auch?" Sagt's und schon höre ich ein Plätschern. Das klingt ganz nach einer Frau, die sich in die Fluten stürzt. Was ich so ohne Brille sehe, bleibt aber letztendlich offen für Interpretationen. Ich glaube aber mit an Scharfsichtigkeit grenzender Wahrscheinlichkeit, meine Schwester befindet sich im Toten Meer. „Aber was ist mit dem Schlamm, der doch auf der Haut trocknen soll?", frage ich sie bzw. den Fleck, der vermutlich meine Schwester ist. Sollte der ganze Beauty-Aufwand etwa umsonst sein?

Ich gehe aber schließlich auch ins Wasser, was sollte ich mit den jungen Arabern auch noch anfangen. Anzuschmieren ist nichts mehr, bestätigt mir ein schlammprüfender Blick an mir hinunter. Im Wasser befinden sich nun deutlich weniger Weggefährten. Obwohl das Tote Meer ja auch Nichtschwimmer unterstützt. Die allgemeine Angst vor den toten Menschen am Meeresgrund kommt uns da aber wahrscheinlich zu Hilfe.

Ich schwimme zu meiner Schwester und sehe, dass Brustschwimmen wohl auch nicht sehr statthaft für Frauen ist, da ihr spärlich bedeckter Hintern etwa zehn Zentimeter aus dem Wasser ragt. Ganz allgemein scheint Brustschwimmen im Toten Meer nicht die beste Variante der Fortbewegung zu sein, da man mit seinen Armen höchstens den Bewegungen eines schwimmenden Hundes nacheifern kann. Es empfiehlt sich, auf dem Rücken zu verharren und mit den Beinen zu arbeiten. Untergehen gibt es ohnehin keines, deshalb kann man gemütlich vor sich hin strampeln. „Gemütlich" ist auch kein schlechter Tipp, weil man unnötiges Herumspritzen eher vermeiden sollte. Das kann ins Auge gehen, und ebendort brennen. – Und durch Brennen ortet sich in diesem Gewässer jede auch noch so kleine Wunde ganz exakt, selbst wenn man das so genau gar nicht wissen wollte.

Wir verlassen das salzige Wasser, unbehelligt von Meeresgrundmenschen, und begeben uns zu den Duschen, um uns das Salz mittels Süßwasser abzuwaschen. Schon sind wir wieder von Halbstarken umgeben, die sich plötzlich auch irgendetwas herunterwaschen wollen. Der Wasserstrahl ist mäßig intensiv, entspricht eher einem Rinnsal. Deshalb steht man eine ganze Weile unter den Duschköpfen. Meiner Schwester wird die Situation wieder unheimlich. Sie geht zurück zu unserem Platz, während ich ostentativ unter den jungen Arabern verweile, um jeden Salzkristall einzeln von der Haut zu spülen.

Da kommen wieder die Fragen nach meiner Herkunft. Nicht Australien, nein.

Als ich fertig geduscht habe, will ein Junge ein Foto mit mir machen. Zusammen posieren wir vor seinem Handy, das anscheinend auch eine Kamerafunktion hat. Es ist mir egal, ob mein Kopf, bildlich gesprochen, abgeschnitten wird.

Gemächlich gehe ich zurück zu meiner *Frau*. Die Lage ist unter Kontrolle. Ich setze meine Brille auf, streife den Ehering über und lege mich wieder auf die Liege unter unserem Sonnenschutz. *Ich pass schon auf dich auf, Schatzi.*

17. Ich und Mekka, Mekka und ich

Anfangs habe ich noch geglaubt, der Gesang des Muezzins um 4.40 Uhr früh wäre speziell für die Bäckerinnung. Damit der arme Bäcker nicht so allein ist beim Aufstehen.

Meine Studentinnen versichern mir, dass sie alle zum ersten Aufruf aufstehen, um zu beten, allein ich kann das nicht ganz glauben. Ich werde das Gefühl nicht los, dass ich morgens der Einzige im Haus bin, der sich aus seinem Bett bemüht, um das Fenster zu schließen. Zumindest bin ich sicher der Einzige, der dabei flucht beziehungsweise die aus mehreren Lautsprechern hallenden Stimmen verwünscht.

Das Gebäude selbst wirkt um 4.40 Uhr wie tief in Schlaf versunken. Eine Stille, wie man sie sonst nicht zu hören bekommt in dieser Stadt aus Lärm. Das ganze *Hotel Najah* verharrt um 4.40 Uhr unter einer jegliches Geräusch aussperrenden Glocke, nur die Rufe des Muezzins legen sich über diese Stille. Nicht einmal meinen Nachbarn höre ich husten, nicht einmal seinen Fernseher schimpfen. Es ist 4.40 Uhr und alles schläft in diesem Haus – und alles überhört den Aufruf zum *al fadschr*, dem Morgengebet.

Schon länger habe ich den Verdacht, die Einheimischen sind nur nach außen hin, und manchmal nicht einmal dort, gute Moslems. Ich kann jedenfalls keinerlei Regung in den Gesichtern der meisten Passanten entdecken, wenn der Muezzin wieder einmal zum Gesang ansetzt.

Verstärkt hat sich dieser Zweifel, als ich innerhalb eines kurzen zeitlichen Intervalls zwei Betende beobachtet habe. Ich habe nun keine Ahnung, wo Norden, Süden, Osten oder in welcher Himmelsrichtung nun genau Mekka liegt, aber wenn der erste Betende gen Mekka sein Haupt wandte, dann müsste der zweite eigentlich Wien angebetet haben, so verkehrt kniete der.

Ich überlege, diesem lauwarmen Islam zu entfliehen, um einmal wirklichen Islam zu erschnuppern. Saudi Arabien liegt nicht weit entfernt. Auf einen Sprung nach Mekka, das wäre schon was. Kann ja eigentlich nicht schaden ...

Meine Studentinnen erklären mir Saudi Arabien mit einem Wort: „Wüste". Ich glaube, dieses eine Wort ist nicht nur landschaftlich-geologisch gemeint, sondern durchaus auch menschlich. Gerade ist dort ein neues Gesetz abgesegnet worden: Männern, die in der Öffentlichkeit mit Frauen anbandeln, werden die Haare abrasiert. Diese Maßnahme soll mitunter auch die aufkommende Mode der langhaarigen Männer untergraben. Die Unterschiede zwischen Mann und Frau dürfen nicht verwischt werden, sagt der Koran, sagen meine Studentinnen. Ich frage mich, was mit Leuten passiert, die zwar schon rasierte Haare haben, aber trotzdem flirten.

Die Hinrichtung mittels Schwert erlebt gerade eine Art Renaissance in Saudi Arabien. Letztes Jahr waren es ungefähr viermal so viele wie noch im Jahr davor. Tendenz steigend, vermeldet die *Jordan Times*.

Die Hinrichtungen finden öffentlich statt. Ich überlege, wie es wohl sein würde, als nichtsahnender Saudi-Besucher plötzlich in einen Menschenauflauf zu geraten und, hoppla, da kullert dir schon ein Schädel zwischen die Füße. – Nach einem Blick auf den Wetterbericht ist mir aber schnell klar, wie ein solcher Ausflug hauptsächlich sein würde: Heiß. Viel zu heiß. Und das nicht in einem zwischenmenschlichen oder gar erotischen Sinn, sondern ganz einfach nur in einem klimatischen. Temperaturen jenseits der 40 Grad Celsius sind in Saudi-Arabien alltäglich. Schweiß, bächeweise über Augenbrauen rinnend, stellt deren ganzen Existenzsinn in Frage. Da sieht man nicht mehr viel. Eine Abwechslung zwischendurch wäre vielleicht ein Sandkorn im Auge, das war's dann aber wohl auch.

Da bleibt man doch lieber zu Hause in der wohltemperierten Wohnung und steht halt um 4.40 Uhr auf, um die kühle Luft und den Gebetsaufruf wieder auszusperren. Und lässt die Jordanier in ihrem abgekühlten Islam einem brave Moslems vorspielen. Solang's nicht weh tut und der Kopf dran bleibt, kann's ja egal sein. Und Mekka kann man schließlich auch von fern anbeten.

18. Zufälle

Man stelle sich folgende Situation vor: Man kramt in der Hosentasche nach dem Schlüsselbund, findet diesen und schließt mit dem entsprechenden Schlüssel die Tür auf. Im Raum ist es dunkel, die Augen haben sich noch nicht angepasst, man sieht nur undeutliche Umrisse. Da geht ruckartig das Licht an und zwanzig junge Araber springen auf und schreien lauthals: „Zufall!"

Eine bizarre Situation würde ich das nennen.

Dank meiner Hilfe kommt es nicht so weit. Denn ich bin zwar der Mann, der den Schlüssel für das Unterrichtszimmer 109 hat und die Meute vorzeitig in das Zimmer schmuggelt. Aber ich bin auch derjenige, der ihnen erklärt, dass eben dies im Deutschen eine Überraschungsparty genannt wird und man deshalb auch *Überraschung!* ruft – und nicht *Zufall!*

Aber nicht nur dank meiner kommt es nicht so weit. Zufälligerweise – der Zufall spielt also doch auch eine Rolle – wurde gerade an diesem Montag die Tochter der zu Überraschenden krank. Als wir Renata, die Vermisste, schließlich telefonisch erreichen, erklärt sie uns, dass sie bei ihrer Tochter zu Hause sei. Unser Plan, Renatas Promotion zu feiern, fliegt jetzt natürlich auf – weshalb sollte man wohl eine Professorin derart sehnsüchtig erwarten, wenn es nicht was zu feiern gäbe?

Da wir aber schon mal da sind und der Kuchen in zwei Tagen, wann es einen erneuten Überraschungsversuch geben soll, nicht mehr genießbar wäre, vertrete ich Renata. Die Studentinnen tischen mir die verschiedensten Kuchensorten auf, die ich doch bitte alle mal versuchen solle. Den Rest der Unterrichtsstunde koste ich mich durch die hiesigen Kuchenkreationen und lasse mir die Zutaten erläutern.

Eine Studentin, die nicht in meinen Kursen ist, tituliert mich dabei sogar mit „Herr Doktor".

19. Nein, den mag ich nicht

„Magst du Hitler?"

Ich hatte mich auf die Nazidebatte schon innerlich vorbereitet, aber da die Frage letztlich so unvermittelt und aus dem Nichts auftaucht, erwischt sie mich doch wie ein Frontalangriff.

„*Mögen* ist jetzt schon mal ganz das falsche Wort. Man mag Käse, Bier, seine Frau. Nicht eine historische Persönlichkeit. Aber: Nein.", hatte ich mich schließlich gefangen: „Ich mag Hitler nicht."

Ich erkläre den Studentinnen, dass man in Österreich Hitler gar nicht *möge*. Im Normalfall. Oder zumindest nicht mögen *sollte*.

Ich glaube, sie verstehen. Jedenfalls erläutern sie mir im Gegenzug, der Hitler sei schon sehr beliebt hier. Sie legen mir unglaublich detaillierte biographische Details vor, besonders über die schwierige Kindheit des kleinen Adolf.

Ja, gebe ich zu bedenken, der Charlie Chaplin hatte auch eine schwere Kindheit, mit totem Vater usw., dieser habe das aber anscheinend doch ganz anders verarbeitet.

Mein Ablenkungsversuch – „Hat jemand von euch *Der große Diktator* gesehen?" – schlägt fehl, eine Studentin meint stattdessen, dass sie die Juden *wirklich* hasse und dass die Leute hier den Hitler so mögen wegen dem, *was er mit den Juden gemacht hat.*

Und schon sind wir genau an dem Punkt, den ich vermeiden wollte. Jetzt muss ich schweres Geschütz auffahren: 7 Millionen Juden einfach töten. So jemanden kann man doch nicht mögen, oder?

Aber wer kann sich unter der Zahl 7 000 000 etwas vorstellen? Eine Zahl, die das Vorstellungsvermögen eines Menschen eindeutig übersteigt. Mit deutlich geschärftem

Blick verlasse ich den Unterrichtsraum – denn plötzlich kapiere ich auch, was das an die Wand geschmierte *HETLAR* bedeuten sollte. In Erinnerung an das *NIGER RAUS* in der Wiener U-Bahn wird mir wieder einmal klar, dass die hässliche Schwester von Hass den Namen Dummheit trägt.

Und der tief wurzelnde Antisemitismus selbst bei jungen Jordaniern lässt mich befürchten, einen friedvollen Nahen Osten so schnell wohl nicht erleben zu können.

20. Wasserknappheit

Jordanien zählt zu den zehn wasserärmsten Staaten weltweit und nach einem niederschlagsarmen Winter soll das Wasser im Sommer knapp werden. Unter diesen Umständen mutet es wohl bizarr an, dass im Jordantal die wasserverschlingende Banane angebaut wird.

Während also die Banane langsam und unbehelligt den Jordan aussaugt, durchstreift das Inspektionsteam der *Miyahuna*, der jordanischen Wassergesellschaft, die Stadt Amman auf der Suche nach Wasserverschwendern. Die Kontrolleure überprüfen die Verhaltensweise der Ammaner: Die Lieblingsbeschäftigung der Jordanier, das Autowaschen, soll, geht es nach *Miyahuna*, nicht mehr mit Schlauch, sondern mit Eimer durchgeführt werden. Und um zu hohe Verdunstung zu vermeiden, sollen Pflanzen nicht untertags gegossen werden.

Ein Artikel in der *Jordan Times* zeigt eine Dame, die gerade Geschirr abspült. Wie man hierbei Wasser sparen könne, wird allerdings nicht näher erläutert. Bei wiederholter Missachtung der Anweisungen, wird aber streng angeführt, unterbricht ein Zuständiger die Wasserversorgung.

So weit soll es bei mir nicht kommen; und weil ich ohnehin Probleme mit der Dusche habe – einmal kein warmes Wasser, einmal gar kein Wasser – muss ich gerade im Hinblick auf meine Körperwaschgänge nicht besorgt sein. Als guter *Staatsbürger auf Zeit* tue ich aber natürlich mein Bestes, leiste meinen Beitrag zum Gemeinwohl und – nachdem ich kein Auto besitze, das ich von nun an mit dem Eimer waschen kann – versuche, die Körperpflege den Wasserverbrauch betreffend noch ein klein bisschen zu optimieren. – Wobei der Wasserdruck in den Leitungen Ammans dieses Ansinnen auch unterstützt, indem er das kostbare Nass nicht einfach aus dem Wasserhahn oder der Dusche fließen lässt, sondern es explosionsartig und stoßweise ausspuckt. Manchmal spuckt auch gar nichts mehr, das ist dann besonders sparsam.

Da man sich selbst angeblich nicht riechen kann, decke ich mich vorsichtshalber mit genügend Deodorant ein. Denn natürlich möchte man den vornehmlich weiblichen Studenten nicht suggerieren, der durchschnittliche Österreicher stinke. Zudem ich der erste Österreicher ihres Lebens bin und somit als Durchschnitt gelte.

21. Besuch

F, ein Freund aus lang vergangener Schulzeit, kündigt sich kurzfristig per E-Mail an. Er habe gerade wieder einmal die Nase voll von Wien und wolle den Nahen Osten erkunden. Ich lade ihn ein, Amman kennenzulernen.

Schon stehe ich am Flugterminal und warte auf die Maschine aus Wien. Ich begrüße den an den gewohnt uninteressiert dreinblickenden Beamten von der Zollkontrolle vorbeimarschierenden F den lokalen Gegebenheiten angemessen mit „Salam, ki falhak!" Und ich erkläre ihm auch gleich, dass er sich bitte nicht mehr erwarten soll, das wär's dann nämlich schon mit meinen Arabischkenntnissen. Wahrscheinlich um ihm zu zeigen, dass ich die vor uns stehenden gemeinsamen Tage ein trotzdem nicht vollkommen nutzloser Führer durch die arabische Welt zu sein beabsichtige, stürme ich vorbei an den Taxifahrern zur Bushaltestelle. Schon hat F dank seines eingeweihten Führers Geld gespart.

Während wir auf den Bus in Richtung Stadtzentrum warten, geht's los: Überfallartig erzähle ich F von meinen Erlebnissen. Von Problemen bei der Essensbeschaffung, von der Schwierigkeit der Orientierung im öffentlichen Nahverkehr, von der Kompliziertheit, ohne Sprachkenntnisse zu feilschen oder ein bewohnbares Appartement zu finden.

Es sprudelt nur so aus mir heraus. Ich kann mich nicht erinnern, in den letzten Monaten so viel in so kurzer Zeit geredet zu haben. Dabei wird mir klar, wie lange ich schon fast jeglichem zwischenmenschlichen Kontakt entsagt habe: Das Semester ist schon zu Ende. Nachdem die Studentinnen nur noch sporadisch in meinem Kurs erschienen sind und die Unterrichtseinheiten immer wieder einmal aufgrund der Abwesenheit von zu Unterrichtenden ausgefallen sind, habe ich nun nach Semesterschluss gar keine Deutschkurse mehr zu geben. Mein Rückflug ist allerdings erst in drei Wochen. Es heißt, sich die Zeit außerhalb der Unterrichtsräumlichkeiten zu vertreiben.

Die letzten Tage bin ich eigentlich nur mehr in meiner schattigen Wohnung gesessen und habe diese Berichte in meinen Laptop getippt, jeden Tag mehrere Seiten.

Unterbrochen habe ich diese Tätigkeit nur durch Lebensmitteleinkäufe. Täglich ging ich in den kleinen Supermarkt bei mir um die Ecke, wo immer der schnauzbärtige Ali hinter der Kasse saß und mir auf einem Taschenrechner zeigte, wie viel ich zu zahlen hatte.

Täglich fand hier auch unser Minidialog statt:
Ali: „Ki falhak?" (dt. „Wie geht's?")
Ich: „Kojes." (dt. „Gut.")
Wer hier nur oberflächlichen Smalltalk vermutet, irrt. Es war viel mehr als das: Ali war mein rettender Kontakt zur Außenwelt, unsere zugegeben sprachlich etwas reduzierte Kommunikation voller Empathie und Anteilnahme. Auch wenn ich nur „Kojes" sagen konnte, Ali verstand, wenn es mir auch einmal nicht so gut ging. Danke Ali, diese Gespräche haben ganz schön gut getan!

Aber jetzt, mit F im Bus neben mir, kann ich endlich wieder wortreich kommunizieren – und ich schütte ihn auf dieser Fahrt ins Zentrum mit allem zu, was an Erzählenswertem sich in letzter Zeit in mir aufgetürmt hat.

Mit fast schon heiserer Stimme beende ich schließlich meinen Bericht und gebe zu bedenken, dass es in Amman nur wenig Sehenswertes gebe: Mit dem Markt von bescheidener Größe, dem angrenzenden römischen Amphitheater und den darüber thronenden, spärlichen Resten eines Tempels habe man wohl auch schon alles gesehen.

Da F aber über eine Woche bis zu seinem Rückflug bleibt – Zeit, die der Besucher „sinnvoll" verbracht wissen will –, müsse man gezwungenermaßen auf andere Destinationen ausweichen. Bald ist das Ziel ausgemacht: Denn nicht weit entfernt liegt die älteste durchgehend bewohnte Stadt der Welt, wie uns Fs Reiseführer erklärt. Ein Zentrum der arabischen Kultur, der Nabel des Nahen Ostens:

Damaskus!

22. Damaskus erleben

Es stellt sich als gar nicht so leichtes Unterfangen heraus, in den *Schurkenstaat* Syrien einzureisen. Unser Bus fährt um 7 Uhr morgens ab. Dabei handelt es sich um einen Bus der *Jett*-Gesellschaft, die die günstigsten Tarife anbietet. F und ich sind die einzigen Nicht-Araber im Bus, die *Jett*-Tarife haben sich demnach anscheinend noch nicht bis zur Lonely-Planet-Redaktion durchgesprochen.

An der syrischen Staatsgrenze sind wir auch die einzigen, die ein Visum benötigen bzw. sich keines vor Fahrtantritt besorgt haben. Ein syrisches Visum besteht aus sieben Briefmarken, die ein Bevollmächtigter behutsam in den Reisepass klebt und mit einem Stempel ornamentiert. Den Erwerb dieses Visums bezahlt man mit viel Geduld und amerikanischen Dollars. Eine Stunde und eine ausgiebige Diskussion um die Begleichung mittels syrischer Nationalwährung später dürfen wir unserem anrollenden Reisebus hinterherlaufen, da unser Busfahrer es plötzlich eilig bekommen hat. Unsere arabischen Mitreisenden zeigen sich auch begeistert von unseren Sprüngen an Bord des Reisebusses, leichtfüßig, dieweil man erleichtert ist um die Last des sorgfältig verwahrten Euro-Bargeldes (in Ermangelung amerikanischer Devisen). Weiter geht die Fahrt nach Damaskus.

Die syrische Hauptstadt erreichen wir am frühen Nachmittag. Nachdem wir ein günstiges Hotel gefunden haben, durchstreifen wir das Zentrum. Belebte Straßen, verschiedenste Düfte, die einem die Nase kitzeln. Wir laufen durch enge Gassen der Altstadt, wie in einem Labyrinth verlieren wir unsere Orientierung und finden nur schwer wieder auf viel befahrene Straßen. Wir essen eine Kleinigkeit am Suk, trinken Erfrischungen, betrachten das Treiben der Metropole. Die Gerüche der Hauptstadt Syriens sind betörend: Innerhalb einer einzigen Sekunde wechseln sich die Aromen von Kardamom, Koriander und Kreuzkümmel und vermengen sich zu einem wohlriechenden Duftschleier, der mir über das Gesicht streift.

Religion hat in dieser Stadt einen eindeutig weniger zwingenden Charakter. Der Ruf des Muezzins bleibt ein Hintergrundgeräusch, in den Auslagen sieht man schon einmal Spitzenunterwäsche und als es schließlich Abend wird, treffen wir in unserem Viertel gar auf Menschen, die in aller Öffentlichkeit Alkohol trinken.

F und ich müssen nicht lange über die weiteren Aktivitäten abstimmen und finden uns alsbald auf kleinen Holzstühlen wieder, zwischen uns zwei Flaschen Bier. Wir befinden uns am oberen Ende der Gasse, in welcher auch unser Hotel, das *Al-Rabie*, liegt. Natürlich könnte man an dieser Stelle die idyllische Szenerie, bestehend aus kleinen Trödlergeschäften, Fruchtsaftverkäufern und arabischen Restaurants mit ihren eilfertigen Kellnern beschreiben. Was mir aber um ein Vielfaches imposanter erscheint, sind die Regungen, die sich zu diesem Zeitpunkt in meinem Inneren abspielen: Nach ungezählten Tagen der Abstinenz schwappt wieder Alkohol durch die Blutbahnen meines Körpers. Ich vermeine zu spüren, wie der *spiritus* meine Beine hinabdringt, fühle, wie ein Kitzeln meine Fingerspitzen erfasst, wie eine streichelnde Hand über meine Gehirnwindungen fährt. Dieses Zeug, wird mir schlagartig bewusst, vermag sogar Prinzessinnen aus ihrer 100 Jahre dauernden Lethargie zu befreien.

Bald finden wir uns umgeben von anderen Menschen. Da ist ein deutsches Pärchen, das uns seine Reiseerlebnisse schildert, vom Tauchen in Ägypten. Vor allem sind da aber junge Damaszener, die mit uns anstoßen und dabei gar nicht wissen wollen, woher wir genau kommen. Nicht einmal, wie wir genau heißen, interessiert sie. Einzig, dass wir hier mit ihnen ein Bier trinken, und dann noch eines. Die Idee entsteht, einen *Sauf-Guide* für die sogenannten „Schurkenstaaten" zu verfassen: Wer weiß schon, wo man in Pakistan ordentlich einen heben kann? Wie die besten oder geheimsten Kneipen in Teheran heißen? Wir trinken noch ein Bier, und F und ich denken an die Zielgruppe von abenteuerlustigen Komasäufern, die den wahren Kick suchen. Während wir unsere Getränke schlürfen, erklärt uns ein junger Einheimischer, wie die Nachtszene in Damaskus organisiert ist, was man trinkt, in welchen Stadtteilen man ausgeht. Ich notiere erstmals nichts, versuche mir aber die wichtigsten Namen zu merken.

Auf der Toilette sitzend finde ich mich wieder. Ich habe es noch ins Hotel *Al-Rabie* geschafft und irgendwie hat irgendwer, das heißt wahrscheinlich F oder ich, das Zimmer aufgesperrt. In meinem Mund der säuerliche Geschmack von Kotze. Mein Oberkörper schwankt. Ich lehne mich nach vor, finde Halt, indem ich meine Ellbogen auf den Oberschenkel stütze. Mein Körper scheidet nur noch Flüssigkeit aus, oben wie unten. Ich sitze jetzt wohl schon zum vierten, fünften Mal auf der Toilette.

In dieser Weise geht es weiter. Bald ist mir klar, dass dieser Zustand nichts mehr mit übermäßigem Alkoholgenuss zu tun hat. Ich versuche zu rekapitulieren, was ich gegessen habe. Und mir wird bewusst, dass es gleich mehrere mögliche Ursachen für eine Magen-Darm-Infektion, wie ich jetzt schon dazu sage, gibt. Unglaublich leichtfertig bin ich mit meiner Gesundheit umgegangen, wie ich im Nachhinein erkenne:

a) Meine Mutter hat mich stets vor zu altem Faschiertem gewarnt. Aber nein, ich deute dem Jungen am Suk, mir doch so eine runzlige, gefüllte Teigtasche dort warm zu machen.

b) In einer Konsumentenschutzsendung des deutschen Fernsehens hab ich dereinst gesehen, man solle lieber in Restaurants essen, in denen man auch in die Küche sehen kann, um deren hygienischen Zustand zu beurteilen. Aber nein, ich gehe mit F in diese Kantine und sage dem Kellner, er soll uns mit „lachme" (Fleisch) versorgen, während ich ihm noch seelenruhig zusehe, wie er nach hinten verschwindet.

c) Ich habe in der arabischen Literatur vom bösen Blick gelesen. Aber nein, ich tu das als Blödsinn ab und nicke in eben jener Kantine dem grimmig dreinblickenden Mann mit den Lederstiefeln und dem gigantischen Schnauzer, der sich am Nebentisch niedergelassen hat, noch ein freundliches *Mahlzeit* zu.

Am nächsten Tag geht es weiter: Etwa stündlich ein Klogang. Es fließt nur mehr so aus mir heraus, jegliche Peristaltik ist verschwunden, scheint mir wie ein Ding aus lange vergangenen Zeiten. Am liebsten würde ich gleich auf der Klobrille sitzen bleiben.

F geht einstweilen die Stadt erkunden. Zuerst will er mir Gesellschaft leisten, was ich ihm aber ausrede. Meine Stimmung ist denkbar schlecht, außerdem will ich mich nicht beim Stöhnen und Ächzen belauscht wissen. Ich sitze am Klo, schwitze und betrachte vornübergebeugt meine Zehennägel, oder ich liege im Bett, höre auf meinen Darm und versuche abzuwägen, wann die nächste Entleerung fällig wird.

Die zweite Nacht meiner Tortur flüchte ich stündlich ins Badezimmer, meine private Folterkammer.

Tags darauf versuche ich das Zimmer zu verlassen, um wenigstens noch ein wenig von Damaskus zu sehen.

Ich schlurfe gemeinsam mit F, der seine Geschwindigkeit immer wieder drosseln muss, zum nahe gelegenen Nationalmuseum. Die Backen zusammengekniffen, komme ich bis zum Museum und husche zielstrebig in die sanitären Räumlichkeiten des *National Museum of Damascus*.

Danach wandern wir gemächlich zum *Souq al-Hamidiyya*, dem großen, von einer Glasdecke überdachten Markt von Damaskus. Steht man vor dem Eingang zum Markt, findet sich gleich zur Linken eine öffentliche Toilette, die zwar nicht ganz an die hygienischen Standards des Nationalmuseums heranreicht, im Vergleich zu den sanitären Gegebenheiten in Syrien aber als „zureichend" klassifiziert werden kann.

Die Hauptstadt Syriens erscheint mir nun als hektisch. Überhaupt ist alles, was mich in Amman nach über vier Monaten Aufenthalt zu nerven begann, hier noch viel intensiver wahrnehmbar: Der Verkehr ist noch chaotischer, die Hitze noch drückender, die Toiletten noch verschmutzter. Die Gerüche der Hauptstadt empfinde ich nun nicht mehr wie anfangs betörend, sondern nur noch verstörend: Innerhalb einer einzigen Sekunde wechseln sich die Aromen von Kaffee, Urin und Scheiße ab und vermengen sich zu einer übel riechenden Welle des Gestanks, die mir gegen den Kopf donnert.

Mein Entschluss steht fest: Ich will zurück nach Amman, in mein Appartement, auf meinen Toilettensitz.

23. Fehl am Platz

Gerade noch mal über die Grenze geschafft! Es ist gleich aus mehreren Gründen eng geworden.

Erstens, weil die Syrer uns jede Form von Zahlungsmittel abspenstig gemacht haben. In Syrien ist schlichtweg alles eine Frage des richtigen Feilschens: In den wenigsten Geschäften sind irgendwelche Preisvorschläge zu entdecken. Will man seinen Kaffee bezahlen, verlässt man sich auf den freundlichen Kellner und den ungefähren Wechselkurs, den man irgendwo weit hinten im Gehirn abruft. Nicht einmal die Kurse in den Wechselstuben sind angeschrieben: Neben den Flaggen der diversen Nationen immer wieder nur die Null. Den aktuellen Kurs muss man sich erfeilschen.

Nachdem wir schon für den Erwerb eines gültigen Visums unseren Euro-Vorrat haben ins Rennen führen müssen, knöpft uns der Hotelmanager plötzlich mehr ab als ursprünglich vereinbart. Diskussionen zwecklos, Aussage gegen Aussage. Den Taxifahrern kann man ruhig sagen, sie können den Taxameter einschalten. Bei Fahrtende verlangen sie dennoch das Vierfache. Diskussionen bringen hier schon etwas, sind aber äußerst energie- und zeitraubend. Und schließlich sorgt die antiwestliche Politik der syrischen Staatsführung dafür, dass keine unserer Kreditkarten funktioniert: Wir gelangen mit ein paar Münzen in den Hosentaschen über die Grenze ins gelobte Jordanien.

Der zweite Grund: Mein Darm. Trotz einer leichten Besserung bin ich extrem schwach auf den Beinen. In Damaskus konnten wir keine Apotheke ausfindig machen, letztlich hatten wir auch kein Geld mehr für Medikamente. Wir befinden uns also wieder in Amman. F vor allem pleite, ich vor allem bleich.

Auf zum ersten Geldautomaten und ab in die Apotheke. Die nächsten Tage liege ich in meinem *Najah*-Bett und lasse die Antibiotika wirken. F schicke ich inzwischen auf eine Exkursion ins Landesinnere.

Als er zurückkommt, hat sich mein Zustand wieder gebessert. Mein Besucher ist nur noch zwei Tage im Land. Mein Rückflug ist auch nicht mehr weit entfernt.

Wir beschließen noch einmal etwas gemeinsam zu unternehmen. Eine Rundfahrt durch Jordanien. Dabei wollen wir nicht auf die touristischen Ausflugsbusse zurückgreifen, die den Teilnehmern Wüstendisko und *Schleiertänze à la 1001 Nacht* – was immer das heißen mag – anbieten.

Einfache und günstige Rundfahrten bieten die schäbigen Hotels in der Nähe des Suk. Einfach und günstig bedeutet, man findet sich in einem kleinen Privatauto wieder, am Steuer ein Mann jenseits der 80, der einen ohne viel Gerede zu den verschiedenen, vorher vereinbarten Zielen bringt, um dort im Schatten mit den Ansässigen einen Kaffee zu trinken, während man selbst durch die Sonne läuft und die lokalen Besonderheiten in sich aufzunehmen versucht.

Genau so ein Angebot finden wir im *Cliff Hotel*. Das *Cliff Hotel* befindet sich im zweiten Stock eines Gebäudes mitten im Marktviertel. Die Tarife versprechen dem ersten Eindruck nach günstig zu sein: An der Eingangstüre des Hauses müssen wir über eine Lache von Erbrochenem steigen, im ersten Stock blicken uns unfreundliche, an Wasserpfeifen saugende Gesichter entgegen. Wir passieren, was ich gutwillig als Café titulieren möchte, und betreten das *Cliff Hotel*, das, wie ich an einer Tafel ablesen kann, imstande ist, die Zimmerpreise des *Palace Hotel* noch zu halbieren.

Wir besteigen unser Privattaxi. Mit an Bord der Japaner

Takuo und Kate, eine Engländerin. Als *gentlemen* lassen wir die Dame vorne sitzen und zwängen uns auf die hinteren Sitzplätze. Unser Fahrer ist eindeutig über 80, sein Sehvermögen scheint er aufs Erste aber noch nicht verloren zu haben.

Als wir ruckartig losfahren, prallt das Auto gegen eine Mülltonne. Flaschen kullern geräuschvoll über die Straße. Unser Fahrer murmelt etwas und beugt sich nach vor, wohl um nicht über allfällige Scherben zu fahren. Währenddessen haben sich die anderen Fahrzeuginsassen zu einer Symbiose der Angst, einer „Interessensgemeinschaft Leben" vereinigt: Man rückt, eingedenk der vor uns stehenden Kilometer, noch näher zusammen – wenigstens auf der Rückbank.

Sind wir schon mal in Fahrt, hält uns nichts mehr auf. In konstantem Tempo durchmisst unser Auto den Norden Jordaniens. Unser Fahrer hält die Geschwindigkeit von 80 Stundenkilometer, ungeachtet der Straßenbedingungen. Man gewöhnt sich allmählich daran, wegzuschauen.

Zuerst peilen wir das nordwestliche, gebirgige Grenzland an, bekannt als die Golan-Höhen. Während unser Fahrer im Schatten einen Kaffee trinkt, beobachten wir von einem Aussichtspunkt, wie uns Grenzsoldaten von einem Aussichtspunkt des gegenüberliegenden Gebirgssattels beobachten. Zwischen den Parteien ein See, den man aus der Bibel kennen könnte. Wir verharren und lassen die Umgebung auf uns wirken. Bald sind wir uns einig, dass wir uns die Golan-Höhen eindeutig lauter und chaotischer vorgestellt haben. Wir nicken den Grenzsoldaten unmerklich zu und verlassen unseren Posten bald wieder.

Danach geht es weiter in den Osten des Landes: Wüste. Auf dem Plan ist eine Oase namens Azraq eingezeichnet, allerdings kommt uns nichts unter, was der landläufigen

Definition einer Oase nahe käme: keine Palmen, keine Kamele oder Ähnliches. Stattdessen hält unser Fahrer nur an, damit wir uns Wüstenschlösser ansehen können. Einige davon wurden von den Kreuzrittern erbaut, andere durch die Omayyaden im 7. und 8. Jahrhundert nach Christus.

Schließlich gelangen wir zu einer Festung mit dem Namen Azraq. Damit trägt sie den gleichen Namen wie die Oase, die sich immer noch versteckt hält. Eine nachträgliche Recherche ergibt dann aber, dass die Jordanier die Oase bis vor wenige Jahre als wichtiges Trinkwasserreservoir genutzt haben, offensichtlich aber doch etwas zu intensiv, denn sie haben es geschafft, das fruchtbare Land völlig trockenzulegen und in Wüste umzuwandeln. Ein Araber, der gemütlich im Schatten der Festung auf einer Matte fläzt, erklärt uns, hier haben dereinst Lawrence von Arabien und seine Männer die Nacht verbracht, bevor sie in die Schlacht zogen. Damals sei es über Nacht so kalt geworden, dass einige der Krieger erfroren seien.

Wir können uns das fast nicht vorstellen, sind wir doch schweißüberströmt. Unser Fahrer legt sich auch gleich auf die Matte neben den Touristenführer und hat auch schon einen qahwa in der Hand. Wir fühlen uns dagegen verpflichtet, noch ein bisschen unter der grellen Sonne herumzulaufen und die Gesteinsbrocken zu begutachten, die vom einstmaligen Quartier des Lawrence übrig geblieben sind.

Bald schon haben wir die historische Stätte genug gewürdigt und gesellen uns zu den Einheimischen. Müde starrt jeder vor sich hin. Einzelne Wörter werden gemurmelt. Jeder Gesprächsfetzen versickert im Sand, der uns umgibt. Hin und wieder streifen die Blicke der Araber über Kate und ihr weit ausgeschnittenes Shirt oder ihre unbedeckten Waden.

Dann ist es so weit: Unser Fahrer erhebt sich schwerfällig. Erst rollt er sich auf die Seite, verlagert sein Gewicht auf das rechte Knie, verharrt einen Augenblick, in dem er Schwung zu holen scheint, und stößt sich mit den Händen in die Luft. Als er das Gleichgewicht gefunden hat, deutet er mit dem Daumen: Noch ein Wüstenschloss, dann geht's nach Hause.

Dieses letzte Schloss kann nicht gerade als der Höhepunkt unserer Tour gelten: Ein ehemaliges Badehaus, informiert uns ein Schild, das in wenigen Jahren fertig restauriert sein soll. Momentan erinnert es eher an den Rohbau eines zu klein geratenen Einfamilienhauses.

Aber wir sind schon müde und da kommt uns dieses handliche Schloss gerade recht – zumal man es zügig abschreiten kann. Ich bemerke, dass F Gefallen an Kate gefunden hat. Auch wenn auf der bisherigen Fahrt nicht viel geredet wurde, die Sympathie demnach eher nicht auf weltanschaulichen Motiven oder einer gemeinsamen Vorliebe für diverse Freizeitbeschäftigungen fußen kann, bemerke ich an F eine zunehmende Hinwendung zu Kate mit ihrem beeindruckenden Spaghettiträger-Ausschnitt. Natürlich, ich verkörpere vielleicht nicht den perfekten Reisekompagnon. Ich leide still vor mich hin und mein Hauptaugenmerk liegt derzeit meist auf meiner Darmflora. Ich kann mich nur in einer gemächlichen Gangart fortbewegen, und da der Inhalt der gemeinsamen Wasserflasche knapp zu werden beginnt, bin ich auch bis zu einem gewissen Grade egozentrisch.

Der Fahrer hat wohl schon geahnt, dass es an diesem letzten Stopp nicht lange dauern könne, denn der Motor läuft noch. Die letzte Etappe ist abgehakt, jetzt geht es geradewegs zurück zum Start. Ich schließe die Augen während der restlichen Fahrt und konzentriere mich auf meinen Körper. Unser Wasservorrat ist zu Ende. Ich spüre den Wind, der mir durch das geöffnete Fenster entgegenbläst, und höre nur Fragmente von Fs nach vorne gerichteter Rede.

Wir erreichen schließlich Amman. Der Fahrer lässt uns in der Nähe des *Cliff Hotels* aussteigen, zusammen gehen wir in den zweiten Stock: Der schweigsame Takuo, die leicht bekleidete Kate, der hinter ihr laufende F und ich, ausgetrocknet.

„Ich brauche dringend was zu trinken", richte ich mich an F.

„Ja, toll", schlingt der meine Idee als gefundenes Fressen runter: „Wir sollten ein Bier trinken gehen! What do you think, Kate, you wanna drink a beer?"

Was glaubt dieser Idiot eigentlich, wo wir sind, frage ich mich. Wir sind hier doch nicht in Wien oder London oder weiß Gott wo, wir sind im tiefsten Nahen Osten! Hier verteufelt man diese Satanspisse! Mittlerweile ist es kurz nach 21 Uhr – selbst wenn man sich ein Bier kaufen und das dann irgendwo heimlich trinken wollte, die beiden Schnapsläden, die ich kenne, sind seit über zwei Stunden geschlossen! Außerdem, verdammt noch mal, bin ich immer noch auf Antibiotika: Ich brauche Wasser, kein Bier!

Während ich noch still vor mich hin fluche, ist F schon zum Manager des *Cliff Hotels* gelaufen, der mit verschmitztem Grinsen zu uns kommt. Er deutet uns, wir sollen ihm folgen. Also steigen F, Kate und ich – Takuo hat sich bereits stillschweigend verdrückt –, geführt vom Hotelmanager, in den ersten Stock. Wir betreten das Café, das wir inzwischen schon öfters passiert haben, gehen vorbei an Wasserpfeife rauchenden und Kaffee trinkenden Arabern in den hinteren Bereich des Raumes, wo ein kleiner

Aufgang ist. Die schmale Treppe führt um eine Ecke, dann schieben wir uns an einer Glasvitrine vorbei und gehen einen engen Gang entlang. Am Ende des Gangs treffen wir erneut auf ein paar Stufen, dahinter ist eine Tür. Der Manager öffnet diese und winkt uns, ihm zu folgen. Wir gelangen in einen, so scheint es, frisch ausgemalten Flur, der durch eine einfache Glühbirne beleuchtet wird. Ein paar Meter weiter ein neuerlicher Durchgang, diesmal mit einem Vorhang aus Glasperlen, die leise klimpern, als wir durchgehen. Überrascht stehen wir in einem schlicht ausgestatteten Raum, in dem sich etwa zehn Tische befinden, die für gut und gern 50 Menschen Platz bieten. Der Raum ist leidlich gefüllt, geschätzte 30 Augenpaare verharren auf uns Eindringlingen. Das Geklimper der Glasperlen will nicht aufhören.

Zu unserer Linken die Bar, die eine beeindruckende Auswahl an Spirituosen bereit hält und auch schon einen Kellner ausspuckt, der sich an unseren Manager wendet. Nach kurzem Gespräch mit diesem weist uns der Kellner einen Tisch genau in der Mitte zu – natürlich! Wahrscheinlich, um uns besser unter Kontrolle zu haben. Und schließlich kann uns so jeder in Ruhe beäugen.

Kate und F bestellen ein Bier, ich ein Cola. Während ich in meinen Hosentaschen nach einer Tablette krame, habe ich Gelegenheit, die um uns Sitzenden zu beobachten. Ich bemerke, dass hier niemand Bier trinkt. Vor jedem Mann – natürlich sind keine Frauen anwesend – steht eine Flasche Whiskey, als habe man sich vorher auf eine Spirituose geeinigt. Manche verdünnen den Whiskey mit Coca Cola, manche trinken ihn pur. Auf jedem Tisch ein Behälter mit Eiswürfeln.

Unsere Getränke kommen. Ich kann die Blicke der Umsitzenden nur schwer deuten, meist erkenne ich nur alkoholschwangeres Amusement. Wahrscheinlich fragen sich die meisten, wo denn der Whiskey zu meinem Cola bleibt. Ich fühle mich eindeutig und wie selten zuvor fehl am Platz.

Obwohl Kate nicht weniger Augenpaare auf sich zieht als ich, weiß sie diese gekonnt zu ignorieren. Sie trägt immer noch ihr Shirt, das an allen Stellen zu kurz oder zu eng ist, zudem fällt mir erstmals auf, dass sie über ein wirklich enervierend lautes Sprechorgan verfügt. Sie erzählt uns von ihren *Girls* in London, von ihrem Typen, von dem sie sich ein Jahr lang verwöhnen ließ, wofür sie sich im Gegenzug immer schön rausputzte, und von ihrem Plan, jedes Land dieser Welt einmal zu bereisen, worauf sie F fragt, wo nun eigentlich genau das Problem zwischen Israel und Palästina liege.

Ich nippe an meinem Cola und wünsche mich nach Hause. Wie ein Kind, das auf Weihnachten wartet, rechne ich mir vor: Noch drei Mal schlafen, dann lasse ich dieses Land, das mir bis jetzt ein Rätsel geblieben ist, hinter mir.

Nach Hause

Der Tag meiner Abreise ist gekommen. Besser: die Nacht meiner Abreise. Wie bei meinem Eintreffen in Jordanien werde ich mich nach Mitternacht am Flughafen *Queen Alia* herumtreiben.

Ich sitze an meinem Schreibtisch und betrachte mein Gepäck. Viel hat sich nicht verändert, bei meiner Ankunft waren es auch nur ein Rucksack und eine Laptop-Tasche. Die Päckchen mit *qahwa arabija* haben die Mozartkugeln verdrängt, die Kleidung ist dieselbe geblieben. Meine abgetragene Winterjacke werde ich hier lassen. Auch den Heizstrahler. Der nächste Winter ist noch weit entfernt, und ich werde mich sicher in einer Wohnung mit Heizung befinden.

Die beachtlichen Veränderungen betreffen letztendlich wohl meine Person: ein Plus an Lebenserfahrung, ein Minus an Körpergewicht. Irgendwie bin ich sogar zufrieden, als ich mich im Spiegel betrachte. Meine mitgenommene Erscheinung reflektiert doch ganz gut meine Innenwelt, ich verkörpere nun gewissermaßen den Abenteurer.

Nasar hat mir ein Taxi organisiert. Ich habe Nasar, der die Wohnung nach meiner Abreise putzen muss, ein angemessenes Trinkgeld zugesteckt. Dafür, so deutete ich seine Aussage, besorge er mir einen anständigen Taxifahrer, der mich einmal nicht über den Tisch zu ziehen versucht.

Ich verlasse die Wohnung und begebe mich mit meinem Gepäck vor das *Hotel Najah*. Ich drehe mich nicht um. Vor dem Haus wartet schon mein Fahrer, er steht neben dem geöffneten Kofferraum seines Taxis: eines alten BMW.

Als wollte ich das Gepäck so schnell wie möglich loswerden, werfe ich es in den leeren Kofferraum, grinse den Mann an und kann endlich sagen: „Biddi ila matar!" – *Ich möchte zum Flughafen.*

INHALT

Vorwort
Prolog: Lebensweisheiten
1. Taxler P
2. Mein erster Tag
3. Triumphbier
4. Einen Unterschlupf finden
5. Versuch über die Gebärdensprache
6. Lebnani Snack
7. Der Kampf ums Fleisch
8. Wachstum
9. Ich bin verlobt
10. Der erste Unterricht
11. Die Duschprozedur
12. Bilder und Worte
13. Sich verständlich machen
14. Der Weg zum qahwa
15. Gehen
16. Totes Meer
17. Ich und Mekka, Mekka und ich
18. Zufälle
19. Nein, den mag ich nicht
20. Wasserknappheit
21. Besuch
22. Damaskus erleben
23. Fehl am Platz
Epilog: Nach Hause

ANGEFÜHRTE LITERATUR

Muriel Asseburg (u.a.): *Jordanien.* Ostfildern: Baedeker, 2007

Abdalrahman Munif: *Salzstädte.* München: Heyne, 2005

Robert Musil: *Der Mann ohne Eigenschaften.*
Hamburg: Rowohlt, 1970

Orhan Pamuk: *Rot ist mein Name.*
München: Bibl. der süddeutschen Zeitung, 2007

Wiebke Walther: *Kleine Geschichte der arabischen Literatur.*
München: C.H.Beck, 2004

Scott Ritter: „Iraq's tragic future", in: *The Star*, 7.2.2008

The Jordan Times, 7.2.2008 bzw. 16.4.2008

DANKESCHÖN

an

Renate Fellinger (habibi)
Monika Wolf
Nathalie, Margit und HP Gantner
Philipp Gabriel
Kulturabteilung der *Hansienda* zu Neu Götzens
Helga Mitterhumer
Andreas Schlor
Christian Vötter und Susanna Vötter-Dankl
Renate Faistauer und die *Österreich Kooperation*
Petra Ganglbauer und Karin Ballauff
Supermarkt-Ali